AF384025

THÈSE

POUR LA LICENCE.

L'acte public sur les matières ci-après sera soutenu

le jeudi 24 mars 1859, à une heure,

Par Juan SEHEULT, né à Paris (Seine).

Président : M. MACHELARD, Professeur.

SUFFRAGANTS :
MM. VUATRIN,
DURANTON,
DUVERGER, — Professeurs.
COLMET DE SANTERRE, — Suppléant.

Le Candidat répondra en outre aux questions qui lui seront faites sur les autres matières de l'enseignement.

PARIS,

CHARLES DE MOURGUES FRÈRES, SUCCESSEURS DE VINCHON,
Imprimeurs de la Faculté de Droit,
RUE J.-J. ROUSSEAU, N° 8.

1859

A MON FRÈRE, A MES SŒURS.

JUS ROMANUM.

Tutela sic a Servio definitur : Tutela est jus ac potestas, in capite libero, ad tuendum eum qui propter ætatem , sese defendere nequit, jure civili data ac permissa.

Ad tutelam impuberum masculini femininive sexus ista definitio pertinet; feminæ vero in perpetua tutela olim morabantur propter rerum forensium ignorantiam et sexus imbecillitatem, quod in desuetudinem jam dudum abiit. Haud immerito : Tullius enim jam exclamabat: « Mulieres omnes, propter infirmitatem consilii, majores in tutorum potestate esse voluerunt : hi (prudentes) invenerunt genera tutorum, quæ potestate mulierum continerentur. »

Contra autem sæpe accidit ut negotia gerere debent impuberum tutores, nam duplici modo interveniunt, aut enim negotia gerunt et administrant aut auctoritatem interponunt. Quæ sit hæc autori-

tas, quomodo valeat, quibus modis sit præstanda ad nostram ma-
teriam non pertinet : sed, paucis verbis, de administratione tutorum videamus et præsertim quæ gerere cogantur.

Primo tutores curatoresque necessitate adstringebantur ut res
pupilii veluti aurum, argentum, gemmas, vestes ceteraque mobi-
lia pretiosa, urbana etiam prædia et mancipia, domos, balnea at-
que omnia quæ intra civitatem sunt venderent, cunctaque ad
nummos redigerent, præter prædia et mancipia rustica. Et etiam
si pater pupillorum caverit testamento ne quid rei suæ distrahere-
tur, hanc patris voluntatem contemnere tutoribus licebat. At Con-
stantini temporibus, hanc legem, ut multum minorum utilitati ad-
versam, aboleri jussum est et nulli tutorum vel curatorum venditio
rerum pupillorum et adolescentium permissa est, sine decreti in-
terpositione; exceptis rebus periculo subjectis veluti vestibus quæ
detritæ usu seu corruptæ servando, servari non potuerint; ani-
malia quoque supervacua minorum quin veneant non vetatur. Pecuniam pupillarem si modo summa ad comparandum agrum suffi-
ciat deponere opportet, nam in minimis summis depositio cessat.

A tutoribus quoque debitores pupilli quos invenerint conveniri
manifestum est et pecunias exactas collocari intra sex primos menses. De usuris autem ad eas exigendas et collocandas menses duo
tantum conceduntur; quod spatium temporis tribui non opportet
his qui nummos impuberum vel adolescentium in suos usus con-
verterunt.

Si pupillus ipse debitor sit tutori, quod non solverit, die existente,
imputabitur; nec quisquam putet id nullius esse momenti : multum enim interest pupillum liberari si sub gravioribus usuris de-
beat; non solum ceteris creditoribus solvere tutorem opportet, sed
et semet ipsi creditori, si modo pecunia est unde solvat.

Officio tutoris incumbit pro pupillis suscipere judicium; idem juris est in curatoribus adultorum.

Nec omittere debemus repertorium esse conficiendum quod

vulgo inventarium dicitur, nisi forte aliqua necessaria et justissima causa allegari possit cur id factum non sit; in quo res pupillares inscribuntur ut, per hujus modi scripturam, quæ quantitas vel mensura fuerit patrimonii pupilli; nihil itaque geri ante inventarium licet perfectum nisi id quod dilationem aut nec modicam expectare possit.

Omisso inventario, quasi suspecti a tutela removentur perpetua que infamiæ macula notantur. Generaliter in administratione tutelæ a tutoribus eadem exigenda est diligentia quam paterfamilias in rebus suis adhibere solet : « Quiquid ergo, ut decretum est, tutoris dolo vel lata culpa aut levi, seu curatoris minores amiserint, vel, quum possent, non acquisierint, hoc in tutelæ seu negotiorum gestorum utile judicium venire, non est incerti juris. »

Si tutor in administratione cessaverit aut recte non gesserit in id quod interest pupillo subvenitur arbitrio tutelæ directo.

De ista actione dispiciamus.

DE TUTELÆ ET RATIONIBUS DISTRAHENDIS ET UTILI CURATIONIS CAUSA ACTIONE.

I. *Actio directa tutelæ.*

Actio directa tutelæ non solum pupilli competet sed etiam heredibus pupilli ceteris que ejus successoribus et in tutorem et heredes tutoris datur. Si, cum filius familias tutelam administraverit, quæramus an patrem judicium tutelæ teneat; imprimis animad vertere debemus an tutelam agnoverit (et agnovisse videtur sive gessit, sive gerenti filio consensit), tunc in solidum eum teneri constat non secua ac si id onus tutelæ ipse suscepisset. Quum autem pater tutelam non agnovit, de peculio tenetur duntaxat, sed annus, intraquem de peculio actio tribuitur, non ante cedit quam tutela fuerit finita; annus enim ille quum sit utilis currere non potest quamdiu agi non potest. Tantum ergo pater familias dolum præstat qui a filio adhuc in potestate factus est, et si filius, post emancipationem, doli aliquit fecerit, non convenietur.

Quin et filius tutor, sive emancipatus, sive non, teneatur, nemini dubium est.

Si fingamus plures fortunam pupilli administrasse, licentiam habet adolescens, unum exhis eligendi totumque debitum exigendi. Heredibus adolescentis eadem optio quoque competit.

Tutores igitur quodammmodo reipromittendi habentur, sed tamen lite contestata cum altero, alter non liberabitur (quod induobus reis ante Justinianum non obtinebant), ita ut si nihil aut non totum servatum sit, in ceteros non denegandæ sint pupillo actiones, in id quod deest.

Quum autem umus ex pluribus tutoribus judicio tutelæ in solidum convenitur, variis exceptionibus-ei succurri solet.

I. Primum beneficio cedendarum actionum utitur ita ut solidum solvere non cogatur nisi si actiones adversus contutorem mandentur, et quia frangenti fidem fides frangitur, ei pupillus alterum ex tutoribus post pubertatem, liberasset, improbe alterum illius nomine interpellare conabitur, ipsius enim vitio acciderit ne possit actionibus cedere.

Ex eo quod judicio cum altero accepto aliis liberatio non contingat, inde sequitur ut non solum ante condemnationem sed et post condemnationem tutor præstari sibi actiones liceat adversus contutorem pro quo condemnatus est; non idem infidejussoribus observabatur.

Cui consequens est quod a Papiniano refertur in lege XXI, sed hoc beneficium excluditur quum ex dolo communi conventus tutor præstiterit ; nam proprium cujusque delictum punitur.

Actionibus non expresse mandatis utilis concedebatur actio.

II. Ex epistola Divi Hadriani quum plures sint fidejussores quum singuli in solidum tenentur, creditor a singulis qui modo solvendo sint litis contestatæ tempore petere partes compellitur : exemplo fidejussorum tutores hoc quoque beneficio adjuvantur et inter idoneos dividitur actio pro virilibus portionibus; quod si quidem

unus ex his idoneus non sit, pars ejus cæteros, sine ulla dubita-
tione exonerabat.

III. Est et aliud beneficium ordinis exceptio nomine : placuit
enim ex constitutionibus imperatorum, ante eos qui tutelam non
gesserunt eum conveniri qui gessit, successores que ejus, gessisse
autem is videtur non solum qui rebus pupillorum se miscuit, sed
et ii qui vel alii gerendam mandaverunt vel satisdatione rem salvam fore pupilli accepta, contutori administrationem totius tutela
permiserunt. Addamus quoque si quid ex communi negligentia
periit omnes citra substitutionis ordinem teneri.

Pupilii præcipuum favorem meruerunt ut in bonis tutoris, pro eo
quod ex gesta tutela debetur, privilegium habeant; quum autem
personæ non causæ succurritur privilegio non uti possunt nec pupillorum heredes nec contutor qui in solidum condemnatus mandatis sibi actionibus, tanquam procurator in rem suam adversus
contutorem agit.

Judicium tutelæ post finitam tutelam differtur, conveniens est
enim tutorem actus sui dum tutela perseverat rationes reddere
non esse compellendum. Ceterum ut is cujus nomine agitur pubertatem jam attigerit necesse non est, nam procul dubio recte tutor
convenietur etiam durante impubertate, quum tutela finietur ex
parte tutoris qui reipublicæ causa absens est ac per hoc excusatus ;
item si testamento datus tutor ad tempus vel ad conditionem, con-
ditione vel die existente, nam in his casibus tutor esse desinit.
Quin etiam tutela finita intelligitur tutore ab hostibus capto, quamvis jure postliminii tutelam pristinam possit integrare.

Quæ de judicio tutelæ diximus, de negotiorum gestorum utili,
his qui incura sunt, adversus curatores competente, eadem di-
cenda sunt.

II. — *Actio de rationibus distrahendis.*

Ex lege XII Tabularum actio de rationibus distrahendis proponi-

tur, qua tenentur tutores quum in tutela gerenda rem ex bonis
pupilli dolo malo distraxerunt, abstulerunt ve.

Inter eas actiones numeratur quæ tam pœnæ quam rei perse-
quendæ causa comparatæ sunt, et ob id mixtæ vocantur; in du-
plum enim datur, persecutionem simul rei et pœnam continens.
Inde sequitur :

1° In heredem ceterosque tutoris successores non esse dandam,
quia pœnalis est; 2° et si, derationibus distrahendis fuerit actum,
tutelæ agi non posse. Ut rum pretium rei duplicatur, anquod pupilli intersit ? et magis est in ista actione quod interest non venire
sed rei tantum æstimationem ?

Actio derationibus distrahendis tunc competit quum et tutelæ actio est, id est finita demum tutela.

De magistratibus conveniendis.

Ex senatus consulto quod auctore Divo Trajano factum est, conceditur indemnitatis nomine, pupillis actio in magistratus municipales, quum, administrationis exstincto tempore, nec tutores nec
fidejussores eorum solvendo fuerunt. Hæc igitur actio subsidiaria
est et non admitteretur licet cessaverint in exigenda satis datione
magistratus si in diem finitæ tutelæ tutores idonei permansissent.
Item si satis exactum est, quamvis postea tutorum aut fidejussorum
substantia pereat, nihil est quod magistratibus imputetur ; nam fu-
turos casus non præstant. Si plures etiam sunt tutores, ad excluden-
dum in magistratum judicium, sufficit ut ex his unus solvendo ma-
neat. Sciendu mest autem ordinem ex hac causa non teneri sed solum
magistratus nisi si ordo in se periculum receperit tunc qui præsentes
fuerunt tenerentur. Quod ad heredes magistratuum spectat non
eamdem ac magistratus ipsi obligationem sustinent, dolo enim vel
proximæ dolo culpæ duntaxat succedanei sunt.

In solidum magistratus obligati remanent et conventionem, si
inter eos convenerit, ut alterius tantum periculo daretur, pupillo

minime præjudicare constat. Prius tamen arbitror conveniendum
esse qui hoc periculum suscepit, deinde excussis ejus facultatibus
veniendum ad collegam. Aliquando etiam divisionis habent beneficium et pro virili parte actio datur, non in solidum, quum minus
idoneum tutorem dederunt, et id sine dolo factum est, dummodo
pupillo salva res sit.

Quæ veniunt in hoc judicio ? eadem quæ in tutelæ adversus tutores ; usuras etiam peti posse a Divis Severo et Antonino, rescriptum
est. Privilegium autem quod habent pupilli in bonis tutorum non
habent magistratus in patrimonio sed cum ceteris creditoribus
partem sunt habituri.

DE FIDEJUSSORIBUS ET NOMINATORIBUS ET HEREDIBUS TUTORUM ET CURATORUM.

Heredes tutoris, ut jam diximus, judicio tutelæ recte conveniun-
tur et exempli gratia, quum tutoris in potestate fuit reddere cogantur.

Inventarium cetera que instrumenta tutelæ pro ferre debent in
hereditate reperta et nisi exhibeant dolo malo in litem adversus eos
jusjurandum admittitur. Sin autem neque fraus heredis neque do-
lus sit, jurejurando omisso, judicem aliis indiciis instructum sen-
tentiam ferre convenit.

Ob negligentiam quæ latæ culpæ comparari, neque at si modo
ex damno pupilli nullum captatum sit lucrum heredes tutorum non
teneri placet sed hoc tantum quod tutor dolo malo aut culpa lata
peccaverit, non enim heredi imputabitur tutoris negligentia.

Novissime in hoc judicium proprium heredum administrationem
venire, seu cum heres ex secutus est quæ tutor inchoavit, vel omni-
modo negotia pupilli perseveravit, seu cum pupillarem pecuniam
in arca tutoris inventam consumpsit aut eam exegit quam tutor sti-
pulatus fuerat.

Fidejussores qui rem salvam pupilli fore vel adolescentis promiserunt, si stipulatio intevenerit, aut etiam qui, omissa verborum obligatione a tutoribus nominati præsentes et non contradicentes nomina sua referri in acta publica passi sunt, actione ex stipulatu idomne cujus nomine teneretur tutor ipse aut curator pro quo fidejusserunt, præstare coguntur.

Fidejussorum vicem sustinent nominatores qui scilicet indicaverunt magistratibus quibus est jus dandi tutorem quam personam daret, et adfirmatores id est qui idoneos esse tutores adfirmaverunt.

Ceterum autem de hac satis datione rem pupilli salvam fore mox tractare debemus.

De contraria tutelæ et utili actione.

Ut promptius de suo aliquid pro pupillis tutores impendant dum sciunt se recepturos quod impenderent actio tutelæ contraria introducitur. Judex qui tutelæ contraria cognoscit omnes non improbas tutoris reputationes admittet sive in personam sive in negotia pupillorum impensum est. Ergo audiendus est tutor si dicat impendisse in alimenta pupilli vel disciplinas si servis cibaria vel libertis scilicet rei pupilli necessariis præstiterit, item sumptus litis reputabit et viatica si ex officio necesse habuit aliquo excurrere vel proficisci, vel obligationes quas pro pupillo susceperit; generaliter dicemus sumptus quos cunque fecerit in tutela gerenda si ex bona fide fecit eum consequi posse.

An pecuniæ usuras, si quando de suo consumpsit, consequatur videamus? Ulpianus quidem scribit posse. Et non tantum tamdiu quamdiu tutores sed et post finitam tutelam quo ad ei reddatur pecunia si tamen fuit in pupilli substantia unde consequeretur ut non solvatur sibi imputabit et usuras a pupillo haud recte exiget.

Finita demum tutela, huic actioni locus est et quin moveatur pupillus improbe resistit et si ipse judicio directo non agat sive quia nihil ei debetur aut imo plus in eum impensum est quam quod ei abest.

Actio negotiorum gestorum contraria utilis ex iisdem causis curatoribus competit.

Rem pupilli vel adolescentis salvam fore.

Cavere cogantur rem salvam pupilli vel adolescentis fore tutores et curatores ne pupillorum pupillarum ve et eorum qui quæ ve in curatione sunt negotia a tutoribus curatoribus ve consumantur vel deminuantur. Huic autem cautioni non ob noxii, sunt tutores testamento dati quia fides eorum et diligentia ab ipso testatore probata est, item dati ex inquisitione, quia idonei electi sunt.

Cavetur pupillis et adolescentibus per satisdationem, satisdare autem dicimus si aliquem securum faciamus fidejussoribus datis. Hæc cautio non est conventionalis quia non ex conventione contrahentium descendit. Sed communis est id est inter eas conventiones vertitur quæ tam ab officio prætoris quam a judicis officio profieiscuntur; a prætore quidem exigi solet sed interdum a judice exigitur, si aliter expediri hæc res non potest. Ex Divorum principum constitutionibus exprimitur ut nisi caveant tutores vel curatores, pignoribus captis, coerceantur.

Stipulatur pupillus ipse et si stipulari non possit seuper infantiam seuper absentiam servus ejus stipulabitur. Quid si servum non habeat? Servum emendum esse Ulpianum respondit. Sed si non sit unde ematur aut si non sit expedita emptio servum publicum apud prætorem stipulari aut dare aliquem qui caveatur prætorem debere eidem Ulpiano placet. Sed cum nemo acquirit nisi per se aut per subjectas suo juri personas utilis tantum actio competit pupillis si servo publico vel extraneo cautio exhibita est dum directa competer et si pupillus ipse vel servus ejus interrogasset.

Ista stipulatio finita demum tutela committitur quod Papinianus docet.

In curatorem autem aliud est, nam in curatorem vel in eos qui pro eo intervenerunt, et si adhuc cura perseveret, recte ex stipulatu agitur et sane vix idonea diversitatis ratio reddi potest.

Quid pupillus si hanc actionem exerceat obtinebit? Quod in tutelæ judicium venit, hoc et ea stipulatione contineri respondendum est et vice-versa ex quibus causis tutelæ agi non potest, ex iisdem causis nec ex stipulatu rem salvam fore agi posse dicemus.

Denique si plures fidejussores à tutore dati sint, quod notandum est, pupillo agente, ut dividatur actio cum his qui solvendo sunt minime impetrare possunt. Hoc jus singulare æquitas evidenter desiderat : cur enim pupillus qui non ipse contraxit sed in tutorem incidit et ignorat omnia, beneficium dividendæ actionis subiret?

POSITIONES.

I. — Non pugnant inter se § 3, Lib. I, Tit. XIV. Inst. et l. 77 de Diversis regulis juris.

II. — Infantes dicuntur qui sunt septimo annominores.

III. — Non pugnant inter se tutelæ definitio, et § 6, Lib. I, Tit. XX. Inst.

IV. — Utrum libertas directa an fidei commissaria tantum competeret quum servus sine libertate datus erat, testamento tutor ante Justinianum inter prudentes dubitabatur.

V. — Quum testator prohibuit inventarii confectionem, hoc ipso, non censetur rationum reddendarum tutori necessitatem remisisse.

VI. — Actio quæ pupillo conceditur in lege 18 de Tutelæ et rationibus distrahendis est directa non utilis nisi utilem interpreteris efficacem.

VII. — In magistratus municipales subsidiariam actionem ii quibus tutores dandi jus est, quamvis hac actione non tenentur, exerceri constat.

VIII. — Quum à tutore solutum est adversus contutorem, negotiorum gestorum actionem tutori dandam non prævaluit.

IX. — Si servo publico pupilli nomine per satis dationem cavetur actio ex stipulatu utilis tantum datur pupillo.

———

DROIT FRANÇAIS.

DE LA TUTELLE.

(Code Napoléon, L. 1, T. 10, Ch. 1 et 2, art. 388-475. —Code de procédure, p. 1, l. 5, T. 4, art. 527-542;—p. 2, l. 1, T. 10, art. 882-889.—Loi du 24 mars 1806. —Décret du 25 septembre 1813.)

CHAPITRE PREMIER.

Organisation de la tutelle et nomination des tuteurs.

C'est par une progression presque insensible que nos facultés physiques et intellectuelles se perfectionnent et atteignent leur entier développement.

Mais avant d'en arriver là, l'homme a besoin d'appui et de protection : ignorant les choses et les hommes, incapable de prévoir les conséquences des actes qu'il entreprendrait, inhabile à se gouverner et à se défendre, il serait exposé à des dangers de toutes sortes si le législateur ne lui était venu en aide en remettant le soin de ses intérêts et de sa personne à un tuteur.

L'idée de la tutelle repose donc sur une présomption d'incapacité, et le mot lui-même indique bien par son étymologie ce pouvoir protecteur.

Le droit romain s'était appuyé sur un phénomène purement

physique pour déterminer ceux qui seraient en tutelle : *pubertas*, la faculté d'engendrer.

L'impubère était celui qui ne pouvait engendrer, et dans le principe le législateur avait confié au juge la mission d'apprécier l'époque à laquelle ce phénomène s'était accompli chez chaque individu. Mais plus tard, grâce au progrès des idées, il avait pris un terme uniforme pour tous au delà duquel l'homme était réputé capable : cet âge était celui de quatorze ans pour les garçons, de douze ans pour les filles, et ce principe de la fixité d'une époque commune pour tous, fut admis depuis par toutes les nations ; seulement dans notre droit on a retardé le moment de la majorité, l'art. 388 est ainsi conçu : « Le mineur est l'individu de l'un et de l'autre sexe qui n'a point encore l'âge de vingt et un ans accomplis. »

On distinguait à Rome plusieurs sortes de tutelles : la première était la tutelle testamentaire ; le *pater familias* pouvait désigner par son testament un tuteur aux enfants héritiers siens ; il tenait ce droit de la loi des Douze Tables, qui s'exprime à ce sujet en ces termes : « *Uti legassit super pecunia tutela ve suæ rei.* »

A défaut de la nomination d'un tuteur par testament il y avait lieu à la tutelle légitime des agnats ; les agnats étaient les membres de la famille civile : *parentes per virilem sexum descendentes.*

Cette tutelle suivait le sort de l'*agnatio*, en sorte que le lien de parenté une fois rompu, elle prenait fin.

Le *status* du citoyen romain pouvait être modifié par trois événements qu'on nommait *capitis deminutiones* :

La *maxima* qui avait lieu par la perte de la liberté.

La *media* par la perte de la cité.

La *minima* par la perte des droits de famille.

Un de ces changements d'état désavantageux venant à s'accomplir dans la personne de l'impubère, faisait cesser la tutelle.

C'est la loi des Douze Tables qui a établi cette tutelle des agnats ;

elle y appelait le plus proche parent de l'impubère, parce que, devant recueillir sa succession dans le cas où il prédécéderait, il était juste qu'il supportât au moins les charges de la tutelle.

La loi des Douze Tables avait atttribué au patron le droit d'hériter de son affranchi, ou cru conséquent d'y joindre le droit de tutelle; de là la tutelle légitime du patron de l'affranchi impubère.

Nous ne dirons qu'un mot de la tutelle légitime du parent émancipateur : les jurisconsultes romains avaient, par déférence, assimilé au patron le père de famille qui avait émancipé son fils, avec clause de *fiducie (contracta fiducia)*, et qui l'émancipait après que la réémancipation lui en avait été faite.

La tutelle fiduciaire était celle qui avait lieu quand le père de famille émancipait un impubère, à sa mort; les enfants qu'il laisse deviennent tuteurs fiduciaires de l'incapable. Ce n'est point là une tutelle légitime comme celle des enfants du patron, cela tient à ce que la loi des Douze Tables ne leur accordait aucun droit d'hérédité auquel on eût pu ajouter, par voie de conséquence, la tutelle, comme on l'avait fait à l'égard des patrons et de leurs enfants.

La tutelle dative était celle déférée par le magistrat, à Rome, en vertu de la loi Atilia ; dans les provinces, en vertu de la loi Julia et Titia. A Rome, c'étaient les préteurs et le préfet de la ville; dans les provinces, les présidents qui y nommaient.

Dans le droit primitif, à côté de la tutelle de l'impubère, se place la tutelle de la femme, *propter animi levitatem*, disent les anciens juriconsultes qui nous en ont révélé l'existence, mais c'est bien plutôt à cause de la constitution de la société romaine, *propter rerum forensium ignorantiam*.

Cette tutelle était perpétuelle. Il n'existait qu'une seule exception, établie en faveur des vestales, la dignité dont elles étaient revêtues les affranchissait de toute autorité.

Plus tard, le droit s'adoucit, les tuteurs perdirent en réalité leur pouvoir, à l'exception des tuteurs légitimes, en sorte que les femmes traitaient elles-mêmes leurs affaires, les tuteurs n'interposant leur autorité que dans certains cas et pour la forme (*dicis causa*).

Les guerres civiles avaient dépeuplé l'Italie, pour récompenser la procréation légitime, la loi Papia Poppœa affranchit de la tutelle légitime des agnats, des patrons et des ascendants émancipateurs, tutelles existantes encore dans toute leur rigueur, les femmes ingénues qui avaient trois enfants.

La loi Claudia ne laissa plus subsister que la tutelle des ascendants et celle des patrons, supprimant celle des agnats.

C'est le droit en vigueur à l'époque de Gaïus ; mais sous Justinien, cette tutelle est tombée depuis longtemps en désuétude, et aucun texte ne vientplus y faire allusion.

Sous l'empire de notre ancienne jurisprudence, quelques coutumes, et notamment celle de Paris, ne reconnaissaient qu'une seule tutelle, la tutelle dative, déférée par le magistrat, de l'avis des parents. D'autres, parmi lesquelles nous citerons la coutume d'Orléans, admettaient une tutelle légitime.

Cette tutelle légitime, accordée par le droit romain aux plus proches agnats, était donnée, par nos coutumes, aux survivants des père et mère, et, à leur défaut, ou sur leur refus, aux autres ascendants ; c'est ainsi que s'exprime l'article 28 de la coutume d'Orléans : « Gardiens sont père ou mère ou autres ascendants. » Cette tutelle prenait le nom de garde.

On appelait garde-noble, les droits qu'avaient les nobles d'avoir les meubles et l'usufruit des immeubles venus à leurs mineurs de la succession du prédécédé.

Toutes les personnes appelées à cette tutelle peuvent s'y soustraire et n'y restent pas fatalement soumises, comme les agnats chez les Romains; la répudiation en est permise, par une déclaration faite dans la quinzaine au greffe de la justice.

La tutelle dative était celle que le juge du domicile du mineur déférait, sur l'avis de cinq parents du mineur, demeurant dans le baillage. Ils devaient élire le plus proche parent, parce que, pouvant succéder au pupille, il prendra plus de soin de la gestion de biens qui doivent lui faire retour. Il fallait avoir la plénitude de ses droits civils pour être tuteur, parce que la tutelle est une charge publique, c'est-à-dire déférée par l'autorité, en sorte que les morts civils en étaient exclus. Ce tuteur devait être idoine (exempt d'infirmités habituelles, ayant des mœurs régulières), autrement il serait peu propre à administrer les biens et à veiller sur la personne du mineur. Enfin, il devait être suffisant; un homme sans biens ou tombé en faillite aurait été suspect, on aurait craint qu'il ne détournât la fortune du pupille. Les parents ne font qu'élire un d'entre eux pour la tutelle. c'est le juge qui le nomme tuteur, en sorte que c'est non pas de l'élection, mais du décret du juge qu'il tient son pouvoir.

Notre législation distingue deux grandes classes de tutelles : celle des mineurs et celle des majeurs interdits; nous n'avons à nous occuper ici que de la première.

On peut définir la tutelle un pouvoir déféré soit par la loi, soit avec la permission de la loi, à une personne capable sur une personne que son âge rend incapable, pour la protéger. Dans le premier cas, il y a tutelle légitime; dans le second, tutelle dative.

Nous distinguons quatre sortes de tutelles :

1° La tutelle légitime du survivant des père et mère ;

2° La tutelle testamentaire déférée par le dernier mourant ;

3° La tutelle légitime des ascendants ;

4° La tutelle dative déférée par le conseil de famille.

La tutelle s'ouvre par la dissolution du mariage ; jusque-là, sans doute, le père doit veiller à l'administration des biens de ses enfants, ce n'est pas comme tuteur, mais en sa qualité de père ; le droit d'administration légale que lui accorde l'art. 383 est un attribut de la puissance paternelle.

Des différences fondamentales séparent le père administrateur légal du père survivant et tuteur.

Quand la tutelle prend naissance, le droit de gestion du père se trouve diminué par la présence du subrogé-tuteur qui surveille son administration, protége les intérêts du mineur en empêchant le père de les oublier. Quand il s'agit de l'administration légale, qu'est-il besoin d'un subrogé-tuteur ? La mère n'est-elle pas là, veillant avec sollicitude et dévouement, prête à résister à son mari, s'il voulait sacrifier à son propre intérêt la fortune de l'enfant ?

En second lieu, tant que le père ne fait qu'administrer, en vertu du pouvoir que la loi lui confère, les biens de son enfant mineur, il n'est jamais question de l'hypothèque légale qui, aux termes de l'art. 2121, frappe au profit du mineur les biens de son tuteur.

Le législateur n'a pas voulu ruiner entièrement le crédit du père déjà grevé, en sa qualité de mari, d'une hypothèque légale ; en sorte que la tutelle n'ayant jamais lieu pendant le mariage, l'hypothèque de l'enfant ne prend naissance que lorsque celle de la mère s'éteint.

Si, à raison d'intérêts contraires, un différent s'élève durant le cours de l'administration, on nomme un tuteur *ad hoc* dont les pouvoirs cessent lorsque la question est décidée. Des auteurs ont proposé d'appeler ce tuteur subrogé-tuteur *ad hoc ;* mais il ne peut s'élever de difficultés sérieuses sur ce point, tout le monde est d'accord pour voir ici non un véritable tuteur, mais un administrateur spécial dont les biens ne pourront être atteints par l'hypothèque légale de l'art. 2121.

1· — Tutelle légitime du survivant.

La dissolution du mariage entraîne l'ouverture de la tutelle; le Code Napoléon admettait trois événements comme mettant fin au mariage : le divorce, aboli par l'art. 1er de la loi du 8 mai 1816 ; la mort naturelle et la mort civile, abrogée par la loi du 31 mai 1854 ; si bien qu'aujourd'hui le mariage n'est plus dissous que par la mort naturelle.

Il existe trois grandes différences entre la tutelle du père survivant et celle de la mère quand son mari est prédécédé.

La première se trouve mentionnée dans l'art. 391, ainsi conçu : « Pourra néanmoins le père nommer à la mère survivante et tutrice un conseil spécial sans l'avis duquel elle ne pourra faire aucun acte relatif à la tutelle. » Et l'art. 392 nous indique de quelle façon doit se faire cette nomination : soit par acte de dernière volonté, soit par une déclaration faite devant le juge de paix, assisté de son greffier, ou devant un notaire. Le père peut donc restreindre le pouvoir d'administration de sa femme en désignant une personne sans l'assistance, sans l'assentiment de laquelle elle ne peut agir, devant s'abstenir des actes pour lesquels elle ne l'a pas obtenu. Si la mère ne suit pas l'avis du conseil, ou si elle agit sans le consulter, l'acte qu'elle a fait est annulable, sans que les tiers qui ont traité avec elle puissent se plaindre, car ils sont en faute pour ne s'être pas informés afin de savoir si le conseil avait accordé son autorisation.

On s'est demandé si le conseil répondait des dommages et intérêts résultant de l'accomplissement d'un acte, et des auteurs ont soutenu que le conseil était responsable, parce qu'il a accepté une mission, celle d'éclairer de ses avis la gestion de la mère; et quand il a manqué à ce devoir, il se trouve dans une situation identique à celle d'une personne qui accepte un mandat et qui est tenue a raison de ses fautes. C'est à cet avis que nous nous rangeons.

D'autres auteurs soutiennent l'opinion contraire, se fondant sur ce que le conseil n'administre pas; il n'est pas comptable, il ne fait qu'autoriser.

La mère ne peut jamais limiter en aucune sorte les pouvoirs du père survivant.

La seconde différence que nous avons à signaler se trouve écrite dans l'art. 394.

Le mari ne peut jamais se faire décharger de la tutelle qu'en alléguant une des causes générales d'excuses contenues dans les articles 428 et suivants.

Le législateur s'est montré moins rigoureux à l'égard de la femme ; son sexe la rend moins apte aux affaires, elle doit voir d'abord si elle se sent la force d'entreprendre une semblable tâche, et elle est libre de se soustraire aux charges de la tutelle. Mais une fois qu'elle l'a acceptée, la mère ne peut s'en faire décharger, parce que la tutelle est, en principe, une charge forcée ; la dispense d'accepter est une exception introduite en faveur de la femme, exception qu'on ne peut étendre au delà de ses termes.

L'acceptation a lieu soit d'une manière expresse en prenant le titre de tutrice dans un acte, soit tacitement en se mêlant aux affaires de la tutelle.

Les articles 395 et 396 nous indiquent la troisième différence entre la tutelle du père survivant et celle de la mère.

Lorsque le père vient à se remarier, il conserve de plein droit la tutelle ; quand c'est la mère, on craint qu'elle ne subisse l'influence de son nouvel époux et qu'elle ne puisse surmonter les obstacles à l'aide desquels il chercherait à entraver son administration.

Elle doit avant tout réunir le conseil de famille qui décide, d'après la capacité et la moralité du futur, s'il doit maintenir ou non la mère dans sa tutelle en lui donnant son mari comme cotuteur.

Si la femme a convolé à de nouvelles noces sans avoir accompli cette formalité que la loi lui impose, elle cesse d'être tutrice légale, et le conseil doit, dans un bref délai, procéder à son remplacement. Rien ne l'empêche de déférer la tutelle à la mère ; mais de tutrice légale, elle est devenue tutrice dative, et en cette qualité elle a perdu le droit de désigner par son testament un tuteur à son enfant. D'ailleurs, pour les actes qu'elle a accomplis dans l'intervalle qui sépare son mariage de sa nomination, elle est considérée comme tutrice en fait, et, bien que déchue en droit de la tutelle, elle doit en supporter toutes les conséquences et subir l'hypothèque légale à raison des obligations qui, pendant ce laps de temps, ont pris naissance contre elle.

En effet, si elle eût convoqué le conseil de famille, comme c'était son devoir, ses biens eussent été frappés par cette hypothèque ; elle ne doit pas avoir pu rendre sa condition meilleure par cela seul qu'elle a commis une faute.

Elle a son mari comme cotuteur, et celui-ci est responsable solidairement avec elle des suites de la tutelle qu'elle a indûment conservée, c'est-à-dire des dommages causés au mineur en agissant mal ou en négligeant d'agir.

Si au contraire elle a réuni le conseil de famille, et que celui-ci lui ait conservé la tutelle en lui donnant son mari comme cotuteur, il n'est responsable, aux termes de l'article 396, que de la gestion postérieure au mariage.

Que doit-on entendre par toutes les suites de la tutelle dont l'art. 395 rend responsable le mari, quand la mère n'a pas consulté le conseil de famille ; faut-il y comprendre les suites mêmes antérieures au mariage ?

Deux systèmes se présentent pour résoudre cette difficulté : le premier adopte l'affirmative ; il s'appuie d'abord sur ce que l'article 395 suppose une hypothèse toute différente de l'article 396. Le mari est en faute, il pouvait se soustraire à la responsabilité qui pèse sur lui en forçant la femme à convoquer le conseil ; il est juste qu'il soit puni de sa négligence. Enfin c'était la théorie admise par notre ancienne législation, comme nous l'apprend Pothier dans son Traité des hypothèques. Suivant ces principes, « les biens du beau-père qui ne fait point pourvoir de tuteur les enfants du premier lit de sa femme, qui a perdu la tutelle en se remariant, sont hypothéqués du jour de son mariage aux dommages et intérêts desdits enfants et au compte de l'administration de leurs biens, quoiqu'il n'eût aucune qualité pour les administrer. »

Rien ne prouve que les rédacteurs du Code Napoléon aient eu l'intention d'innover.

Dans une seconde opinion, qui soutient la négative, on répond qu'il ne suffit pas de l'antithèse de nos deux articles pour rendre responsable une personne d'une gestion à laquelle elle n'a pris aucune part. Si le législateur avait eu l'intention qu'on lui suppose, il l'eût formellement exprimée. En outre, l'article 395 rend le mari responsable des suites de la tutelle indûment conservée ; or, n'est-ce pas à compter du mariage que la gestion commence à être conservée indûment? Le nouvel époux ne doit donc pas être tenu de dommages et intérêts, à raison de faits qui lui sont complétement étrangers, puisqu'ils se sont accomplis à une époque où l'exercice de la tutelle appartenait de droit à la femme.

Disposition spéciale à la femme.

Quand le père prédécède, laissant enceinte sa femme, le conseil de famille doit procéder à la nomination d'un curateur au ventre. Ce curateur a une double mission à remplir.

Il doit d'abord surveiller la mère pour prévenir une supposition d'enfant ou une suppression de part. On a à craindre que la femme, à la faveur d'une grossesse simulée, n'introduise dans la famille un enfant étranger qui recueillerait la succession du *decujus* et sur les biens duquel elle exercerait son droit d'usufruit légal. On peut redouter aussi que la femme, oubliant tous ses devoirs, ne fasse disparaître un enfant qui lui est né, pour conserver, sans réduction, des libéralités exagérées que lui a faites le défunt. En second lieu, ce curateur doit administrer les biens laissés par le défunt, car le sort de cette succession est en suspens; on ignore qui sera appelé à la recueillir, et le curateur gère dans l'intérêt de cet héritier inconnu; en effet, si l'enfant naît viable, c'est lui qui y a droit, et, dans ce cas, la mère a ce curateur pour subrogé-tuteur; de là cette conséquence qu'elle ne peut prendre aucune part à sa nomination. Si au contraire il naît inviable, les biens passent aux héritiers du mari ou à sa femme, s'il n'a laissé aucun parent au degré successible.

Ce curateur est choisi parmi les parents paternels du mineur; si on l'eût pris dans la ligne maternelle, on aurait craint que l'influence exercée sur lui par la mère, à raison du lien qui existe entre eux, ne l'empêchât d'exercer avec tout le zèle désirable la surveillance que la loi lui impose.

Il se présente ici une question fort intéressante et qui est le siége d'une très-vive controverse : on se demande s'il est besoin d'un curateur au ventre, dans le cas où la veuve avait déjà des enfants vivants.

Trois systèmes se trouvent en présence :

Le premier adopte l'affirmative. Suivant les jurisconsultes qui l'admettent, la règle que renferme l'art. 393 est absolue et ne souffre pas de distinctions. Il est vrai que la supposition d'enfants est bien peu à redouter lorsque la mère a déjà des enfants, mais cependant, l'espoir de conserver plus longtemps son droit d'usufruit peut l'y déterminer, et, si faible que soit le danger, du moment qu'il existe, on doit avoir recours aux mesures protectrices ordonnées par le législateur.

Dans une seconde opinion, on établit des distinctions ; les enfants sont-ils mineurs, on doit peu craindre une supposition de part, la mère ayant déjà l'usufruit légal des biens de ses autres enfants ; son intérêt consiste seulement, dit-on, à l'augmenter, en l'étendant à une masse de biens plus considérable, ou, si les enfants sont déjà assez avancés en âge, à le faire durer plus longtemps ; il n'est pas besoin, dans cette hypothèse, d'un curateur, parce que le subrogé-tuteur se mettra en garde, dans l'intérêt de ses pupilles, contre cette supposition.

Au contraire, si les enfants sont majeurs, nous rentrons dans le cas prévu par l'art. 393 : un curateur est nécessaire pour veiller aux intérêts de l'enfant conçu, en prévenant les détournements ou les avantages que pourraient se faire consentir les enfants déjà existants.

Enfin d'autres auteurs soutiennent la négative, car, ou bien les enfants sont majeurs, et ils préviendront un événement qui, s'il venait à s'accomplir, leur serait fort préjudiciable, ou ils sont mineurs, auquel cas le subrogé-tuteur doit prendre toutes les précautions que commande l'intérêt de ses pupilles.

II. — *Tutelle testamentaire.*

Cette tutelle est celle qui est déférée par le dernier mourant des père et mère, soit par acte de dernière volonté, c'est-à-dire par un des modes de tester indiqués dans l'article 969, soit par une déclaration faite au juge de paix, assisté de son greffier, ou devant notaire.

Nous voyons que le nom de testamentaire qu'on donne à cette tutelle n'est pas très-exact, car la déclaration faite au juge de paix ou au notaire n'est pas une des formes du testament ; mais c'est par opposition à la tutelle dative qu'on la désigne ainsi, et, en outre, ne devant, comme la tutelle donnée par testament, produire d'effet qu'après la mort, le législateur lui en a conservé le nom.

Ce droit de nomination dérive du droit de puissance paternelle, en sorte que, si l'époux survivant avait perdu son droit d'administration, par suite d'exclusion ou de destitution, ou pour tout autre motif, il n'y a pas lieu à l'exercice de ce droit : *Nemo plus juris quam ipse habet conferre potest.*

En effet, celui qui s'est fait excuser a renoncé à son droit d'administration, et ne peut transmettre à un autre ce qu'il n'a plus ; il ne lui est pas permis de nommer un tuteur pour le remplacer quand il aura cessé de vivre. Comment pourrait-il, sur le point de mourir, recouvrer le droit dont il s'est démis et forcer le tuteur datif à céder la place au tuteur de son choix ?

De même, la mère qui s'est remariée sans avoir convoqué le conseil de famille, qui, cependant, l'a maintenue dans la tutelle, n'ayant plus le pouvoir d'administrer, comme une conséquence du droit de puissance paternelle, mais par délégation des attributions du conseil de famille, ne peut, pas plus que tout autre tuteur datif, se désigner un successeur.

La capacité nécessaire pour que la nomination soit valable doit exister non-seulement au jour où le dernier mourant manifeste ses volontés suprêmes, mais encore à l'époque où la personne qu'il a désignée doit venir le remplacer. En sorte que, si lors de sa mort il se trouvait interdit, en vertu de l'article 335 du Code pénal, le choix qu'il aurait fait alors qu'il jouissait de la plénitude de ses droits, serait considéré comme non avenu.

Un époux ne peut pas, du vivant de son conjoint, désigner un tuteur pour prendre sa place après sa mort ou celle de son conjoint; il ne peut porter atteinte au droit qu'a celui-ci de devenir tuteur légitime ou de nommer lui-même un tuteur testamentaire, et cela alors même qu'il serait présumé absent, parce qu'il y a toujours espoir de le voir revenir (il en serait différemment si la déclaration d'absence avait eu lieu); ou quand bien même il aurait été déchu de la puissance paternelle, car le souverain, par l'effet de la grâce, pourrait la lui faire recouvrer.

Le père, qui se remarie, conserve son droit de nomination ; la mère qui n'est pas maintenue tutrice l'a perdu, aux termes de l'article 399, et l'article 400 dit que, si elle est maintenue par le conseil de famille, le choix qu'elle a fait d'un tuteur, pour les enfants qu'elle a d'un premier lit, doit être confirmé par le conseil, parce que ce choix pourrait lui avoir été inspiré par son nouvel époux.

On a critiqué comme inutile la disposition de notre article. Soumettre le choix de la mère à l'approbation du conseil de famille, c'est anéantir complétement son droit ; car le conseil pouvant confirmer pouvait également nommer. Quel est donc le critérium de distinction entre ces deux articles ?

Nous répondrons que l'analogie qui existe entre eux n'est qu'ap parente. Dans l'hypothèse de l'article 400 la mère est maintenue dans la tutelle, le choix qu'elle a fait d'un tuteur exclut la tutelle légitime des ascendants de l'enfant; au contraire, dans le cas prévu par l'article 399, n'ayant pas conservé la tutelle, la nomination qu'elle a faite n'est point valable; les ascendants étant de plein droit tuteurs légitimes, il n'y a point lieu à la tutelle dative.

L'article 400 contient une disposition complétement inutile, il veut simplement indiquer cette idée que le tuteur choisi par testament n'est qu'un tuteur datif, comme celui désigné par le conseil, et qu'il peut opposer les mêmes causes d'excuses; cela ne veut donc pas dire que ce tuteur n'est jamais tenu en principe d'accepter la tutelle.

III. — *Tutelle des ascendants.*

Cette tutelle ne s'ouvre jamais qu'autant que les conditions que nous allons exposer se trouvent accomplies.

Il faut qu'il ne reste plus à l'enfant ni père ni mère, et que le dernier mourant n'ait point désigné de tuteur, quel que soit le sort ultérieur de cette nomination; en effet, si le tuteur présente des excuses ou est exclu, on n'aura jamais recours à la tutelle des ascendants, parce que l'intention formellement manifestée de les exclure fait présumer leur incapacité; cette présomption ne peut être détruite par l'exclusion qui n'a aucun rapport avec elle.

Les auteurs sont partagés sur la question de savoir ce qui arrivera lorsque le tuteur choisi vient à mourir avant le père ou la mère; les uns disent que la nomination qui en a été faite suffit pour exclure l'ascendant, sans qu'on ait à se préoccuper de la cause qui a rendu la nomination sans effet; l'intention de repousser l'ascendant apparaît ici assez évidente.

Dans une autre opinion, on dit que, semblable à toute disposition dernière, elle est faite sous la condition résolutoire que la per-

sonne désignée survivra à celle qui l'a instituée, la déclaration es
donc, dans le cas de prédécès, considérée comme caduque.

Il faut, en outre que, lors du décès du père ou de la mère, il n'y
ait point un tuteur datif en exercice ; car s'il devait être remplacé
lorsque meurt le survivant, il eût été bien plus simple d'appeler de
suite un ascendant à la tutelle.

Les règles de dévolution tracées par le Code sont faciles à comprendre, elles sont indiquées dans les articles 402 et suivants.

Les femmes sont toujours exclues de cette tutelle, ce n'est que
par exception que la loi les appelle à ces fonctions onéreuses.

Le plus proche ascendant mâle est préféré, à quelque ligne qu'il
appartienne ; à mesure que les liens qui l'unissent à l'enfant deviennent plus étroits, on présume que l'affection qu'il lui porte est
aussi plus vive.

S'il se trouve plusieurs ascendants à des degrés égaux, c'est
celui d'entre eux dont le mineur porte le nom qu'on choisit de préférence ; la même règle s'applique dans le cas où l'enfant aurait
dans sa ligne paternelle deux bisaïeuls. Le législateur pense, et
avec raison, que le désir de voir son nom honorablement porté
inspirera à ce tuteur de plus salutaires avis et lui dictera ce qu'il
doit faire pour mieux atteindre le but qu'il se propose.

S'il y a concours entre deux bisaïeuls de la ligne maternelle,
c'est au conseil de famille, en consultant les véritables intérêts de
l'enfant, qu'appartient le droit de choisir celui qu'il juge le plus
capable.

IV. — Tutelle dative.

Nous sommes arrivés à la dernière des tutelles énumérées par
les rédacteurs du Code de 1804, tutelle déférée par le conseil de
famille ; elle s'ouvre quand l'enfant se trouve sans père ni mère,
sans tuteur désigné par le dernier mourant, enfin, sans ascendant
mâle.

Le conseil de famille dont nous avons eu déjà occasion de parler, est composé de six parents demeurant dans la commune où s'ouvre la tutelle ou qui sont domiciliés à deux myriamètres de distance.

Les parents sont pris par moitié dans chaque ligne, car ils sont tous également intéressés à une bonne administration; se trouvant les plus proches, ils sont appelés à la succession s'il meurt avant eux. Le juge de paix du canton a la présidence du conseil de famille.

D'après la législation en usage dans nos pays de coutumes, le conseil de famille se composait de cinq parents seulement ; le Code a choisi de préférence le nombre de six pour empêcher la scission du conseil en plusieurs opinions ayant chacune un nombre égal de voix, car, en ajoutant le juge de paix, on arrivera facilement à départager l'assemblée.

Le parent est préféré à l'allié au même degré ; le parent le plus âgé est également préféré à un autre, s'ils sont au même degré ; c'est un hommage rendu à la vieillesse et à l'expérience.

On s'est demandé si l'alliance subsistait encore dans le cas où l'époux qui a produit cette affinité était mort sans laisser d'enfants, et l'opinion qui rejette l'admission des alliés dans cette hypothèse s'appuie sur l'avis de Pothier qui, dans son Traité des personnes, venant à s'occuper de la formation du conseil de famille, dit : « On convoque les affins aussi bien que les parents; « les affins sont ceux qui ont épousé une parente du mineur qui « est vivante ou dont il y a quelque enfant. »

L'art. 408 fait une exception à la règle du maximum écrite dans l'art. 407, quand il y a des frères germains ; quel que soit leur nombre, ils seront tous admis à faire partie du conseil de famille qu'ils composeront seuls : les frères germains sont les enfants nés du même père et qui ont eu la même mère.

Les maris des sœurs germaines y seront tous appelés également, et non leurs femmes écartées, par leur sexe, de toute tutelle.

Que doit-on entendre par les veuves d'ascendants dont parle notre article ? n'y a-t-il pas là une erreur de rédaction, et ne devons-nous pas lire : les ascendantes veuves ? car la femme que le père a épousé en secondes noces, quoique veuve d'ascendants, n'y prend point part, étrangère qu'elle est à l'enfant ; l'art. dit : « les ascendants veuves, parce que, si leurs maris sont vivants, « ce sont eux que la loi appelle.

Les ascendants valablement excusés et les ascendantes veuves seront-ils aussi compris dans l'exception que nous venons de signaler, et viendront-ils au conseil de famille en quelque nombre qu'ils se trouvent ?

La première partie de l'art. 408 dit que les frères germains sont seuls exceptés, et plus loin, qu'ils composeront seuls le conseil ; en sorte que, s'ils sont moins de six, on complétera le nombre en prenant d'autres parents. Il y a des auteurs qui décident que ces ascendants assistent aux délibérations du conseil, mais sans en faire partie ; c'est en considération de leur titre d'ascendants qu'on les y admet.

L'art. 409 indique une dérogation aux règles de l'art. 407 ; dans le cas où le nombre des parents qui sont domiciliés dans la commune ou à la distance de deux myriamètres n'est pas suffisant, le juge de paix peut appeler des parents demeurant en dehors de ce rayon, ou même des personnes de la commune étrangères à la famille, mais connues pour avoir entretenu des relations amicales, soit avec le père, soit avec la mère de l'enfant ; mais il n'a jamais le droit de prendre des parents dans une ligne quand il en manque dans l'autre, sous peine de détruire l'équilibre si nécessaire à une bonne gestion et que la loi s'efforce de maintenir. Le juge de paix peut même, si l'intérêt du mineur semble l'exiger, appeler à faire partie du conseil de famille des parents moins proches que ceux qui demeurent à la distance que nous avons indiquée plus haut, quoique ces personnes soient domiciliées en dehors de ce rayon.

Nous voyons que les pouvoirs du juge de paix sont assez étendus : il convoque le conseil de famille soit d'office, soit sur la réquisition des créanciers, des parents du mineur ou du subrogé-tuteur qui, d'après l'art. 424, y est tenu, en cas de vacance de la tutelle ou d'absence du tuteur.

Si le juge de paix en est requis par les personnes diverses que nous avons énumérées, il est forcé de convoquer le conseil ; s'il s'y refuse, la voie de l'appel est ouverte contre l'ordonnance par laquelle il motive son refus, et dans le cas où il n'a point rendu d'ordonnance, il peut être pris à partie aux termes de l'art. 505 du Code de procédure civile.

Tout le monde est admis à dénoncer au juge de paix le fait qui nécessite la nomination d'un tuteur, mais il n'est point obligé de tenir compte de cette dénonciation.

C'est le juge de paix du lieu où la tutelle s'ouvre qui est chargé de réunir les parents qui doivent composer le conseil de famille ; c'est au domicile qu'avait le père lors de la dissolution du mariage que la tutelle s'est ouverte ; mais on s'est demandé si, pendant le cours de l'administration, le domicile du mineur pouvait être déplacé, et ce point a donné lieu à une controverse assez animée.

L'art. 411 fixe le délai dans lequel les parents doivent comparaître ; régulièrement la convocation devrait se faire par citation, mais dans la pratique on admet qu'elle peut avoir lieu soit par simple lettre, soit même verbalement, afin d'éviter au mineur des frais d'huissier.

Cependant, il y a cette différence entre les deux cas, que si la convocation a lieu oralement ou par lettres, aucune sanction n'existe contre les parents qui ont fait défaut ; au contraire, s'ils sont cités à comparaître, et qu'ils ne se soient pas présentés, le juge de paix a le droit de prononcer contre eux une amende de cinquante francs ; c'est un maximum que la peine atteindra rarement.

La convocation a lieu à jour fixe, mais il doit y avoir toujours un délai de trois jours entre la citation et l'époque de la réunion, si les parents ont leur domicile à une distance de deux myriamètres. S'ils demeurent au delà, il y a augmentation d'un jour par trois myriamètres.

Les personnes appelées doivent se présenter en personne ou par un fondé de procuration spéciale ; chaque mandataire ne peut représenter qu'un seul parent, parce que, s'il était permis d'en prendre un seul pour plusieurs membres, les intérêts du pupille seraient moins débattus, et il pourrait se faire qu'un seul fondé de pouvoir composât tout le conseil.

La personne qui, convoquée, ne se présente pas est condamnée, avons-nous dit, à une amende, si elle ne fait valoir de bonnes excuses ; quand le juge de paix les admet, il peut passer outre ou surseoir pour attendre que l'empêchement du parent ait cessé, soit en ajournant l'assemblée, soit en la prorogeant.

Ajourner l'assemblée, c'est la renvoyer à un jour qui ne sera déterminé que par une nouvelle convocation ; la proroger, c'est la remettre à un autre jour immédiatement fixé sans qu'une autre convocation soit nécessaire.

La présence des trois quarts au moins des membres convoqués est nécessaire pour que le conseil puisse délibérer ; en sorte que le nombre normal des parents étant six, il faut au moins que cinq personnes se trouvent réunies pour prendre une décision ; le juge de paix ne peut être compris dans ce nombre, puisque c'est lui qui est chargé de convoquer ; il ne peut se citer lui-même à comparaître. Il a voix délibérative et prépondérante en cas de partage.

Quand y aura-t-il partage ? Suffit-il pour pouvoir prendre une délibération d'une majorité simplement relative, ou faut-il au contraire qu'il y ait majorité absolue ?

Cette question a donné lieu à diverses interprétations. Il y a des auteurs qui admettent cette simple majorité, se fondant sur la difficulté avec laquelle on obtiendrait la majorité absolue ; pour y parvenir, il résulterait souvent des lenteurs fort préjudiciables aux affaires du mineur.

D'autres, au contraire, exigent la majorité absolue, parce qu'il n'y a partage que lorsque deux opinions, réunissant un nombre égal de voix, se trouvent en présence, et ils argumentent de l'art. 117 du Code de procédure civile, qui décide la même chose en cas de jugement. Le législateur ne veut pas que, parce qu'un avis a recueilli la majorité simplement relative des suffrages, il puisse l'emporter sur plusieurs opinions dissidentes ; pour pouvoir triompher, il doit compter à lui seul plus d'adhérents que tous les autres ensemble.

Quand nous disons que le juge de paix a voix prépondérante, nous n'entendons pas exprimer cette idée que sa voix compte pour deux, mais que, de deux opinions égales, celle-là qui a pour elle le juge de paix doit être préférée.

S'il se forme plus de deux opinions sans qu'aucune d'elles ait réuni la majorité exigée, les partisans de la plus faible doivent se ranger à l'une des autres, argument d'analogie tiré de ce qui se passe dans le cas de l'art. 117 du Code de procédure. S'ils refusent d'adopter une des autres opinions, ou si elles ont chacune un même nombre de voix, on doit en référer au tribunal, qui prend les mesures nécessaires pour arriver à une solution. Ainsi, il pourra ordonner la formation d'un nouveau conseil, dont on écartera les parents qui, par leur obstination, ont entravé la première délibération.

Les attributions du conseil de famille sont de plusieurs sortes :

Il est chargé de procéder à la nomination et de prononcer l'exclusion ou la destitution des tuteurs, protuteurs, cotuteurs, subrogés-tuteurs et curateurs.

Il a mission pour autoriser les actes importants que le tuteur ne peut pas faire seul, comme nous le verrons plus tard.

Enfin, dans quelques cas, il est appelé à donner son avis dans les demandes en interdiction, et, aux termes de l'art. **2143**, dans les demandes en restriction de l'hypothèque légale établie en faveur du pupille sur les biens de son tuteur. La responsabilité du tuteur datif commence dès sa nomination, s'il y était présent, ou, dans le cas contraire, du jour de la notification qui lui en est faite.

Du protuteur.

Le Code Napoléon a rejeté le principe de la pluralité des tuteurs, admis par le droit romain, et ne l'a autorisé que, dans un cas exceptionnellement prévu : lorsque le mineur, domicilié en France, possède des biens situés aux colonies, ou, dans l'hypothèse inverse, quand le mineur, demeurant aux colonies, a des propriétés en France.

Le conseil de famille, convoqué pour déférer la tutelle, doit, en même temps, nommer un protuteur chargé de gérer la fortune du mineur aux lieux où il n'est pas domicilié; c'est au domicile du mineur que cette nomination se fait, car le conseil de famille chargé d'y procéder se compose de parents établis dans la commune où la tutelle s'ouvre, ou à une faible distance ; cette décision est contraire au projet présenté au conseil d'Etat, qui accordait la nomination du protuteur à un conseil de famille réuni au lieu de la situation des biens à administrer; c'est l'intérêt du mineur qui a fait rejeter cet avis ; le conseil eût été composé d'étrangers qui se seraient peut-être peu préoccupés du choix d'un gérant actif et intelligent.

Il n'existe aucune espèce de rapports entre le tuteur et le protuteur ; ce n'est pas du tuteur qu'il tient ses pouvoirs, mais du conseil de famille, dont il est le délégué et sous la dépendance duquel il se trouve.

Nous pensons que la place de notre article dans une section qui s'occupe spécialement de la tutelle dative, ne doit pas nous entraîner à tirer cette conséquence que la protutelle ne peut avoir lieu

que dans le cas de tutelle dative, mais qu'elle s'applique à toutes
sortes de tutelles, car l'utilité est toujours la même; en effet, ou on
l'a admis pour venir en aide au tuteur, en allégeant le fardeau qui
pèse sur lui, ou afin de veiller plus efficacement que ne pourrait le
faire de loin le tuteur aux intérêts du mineur, et le tuteur doit pro-
fiter, dans tous les cas, du bénéfice que lui accorde la loi, et il y a
même motif de décider que le mineur doit jouir également de cette
protection.

Du subrogé-tuteur ; son rôle, ses attributions.

Le subrogé-tuteur est une personne choisie par le conseil de famille et placée près du tuteur, afin de veiller sur son administration
et faire à sa place les actes dans lesquels ses intérêts sont en opposition avec ceux du mineur.

Il y a donc une double mission à remplir.

Il doit contrôler la gestion du tuteur, et, pour y arriver plus facilement, il peut se faire autoriser par le conseil à demander au
tuteur des états de comptes annuels ; si les affaires du pupille lui
semblent mal administrées, il peut provoquer la destitution du tuteur, et si celui-ci vient à mourir ou est présumé absent, il est
chargé de le faire remplacer.

Il doit agir pour le mineur toutes les fois qu'il y a contradiction
d'intérêts entre lui et son tuteur ; ainsi, si un procès s'engage entre
eux ou si une succession s'ouvre à leur profit et qu'il faille recourir
à un partage ; dans tous les autres cas il n'a pas le pouvoir de s'im-
miscer dans les affaires du pupille, et cette incapacité subsiste alors
même que la tutelle devient vacante ; dans cette hypothèse il doit,
à peine de dommages et intérêts envers le mineur, convoquer le
conseil pour donner un successeur au tuteur.

Il y a un subrogé-tuteur dans toutes les tutelles, et c'est toujours
au conseil de famille qu'appartient cette nomination ; notre règle
ne souffre qu'une seule exception : lorsque le père est mort lais-

sant sa femme enceinte, le curateur au ventre, désigné par le conseil, devient de plein droit subrogé-tuteur de l'enfant.

Lorsque la tutelle est dative, le conseil de famille ne peut s'occuper de la nomination du subrogé-tuteur qu'une fois que le tuteur a été choisi ; le législateur n'a pas voulu que le subrogé-tuteur pût tenir ses pouvoirs d'un des parents, qui, après avoir voté pour lui, serait ensuite appelé à la tutelle, de peur qu'il ne se crût obligé, par reconnaissance, à une surveillance moins grande. Mais la nomination en est faite de suite après la désignation du tuteur, sans qu'il y ait besoin pour cela d'une nouvelle convocation.

Si la tutelle est légitime ou testamentaire, le tuteur, avant d'entrer en fonctions, doit réunir le conseil de famille pour faire choix d'un subrogé-tuteur ; s'il a omis de remplir cette formalité et s'est emparé de l'administration, le conseil peut, s'il y a dol de sa part, le destituer indépendamment de tous dommages et intérêts ; s'il n'y a que sa négligence à lui reprocher, il est seulement tenu de réparer le préjudice qu'elle aura causé au mineur.

L'article 426 décide que le subrogé-tuteur peut invoquer les mêmes causes d'excuses que le tuteur et qu'il sera soumis, pour les mêmes motifs, à l'exclusion et à la destitution.

Les fonctions du subrogé-tuteur exigent son indépendance complète vis-à-vis du tuteur qu'il doit surveiller ; de là les conséquences suivantes : le tuteur doit s'abstenir, en sa qualité de membre du conseil de famille, de prendre part à la nomination du subrogé-tuteur, qui se trouverait lié envers lui par cette marque de confiance ; la même règle s'applique au cas où il y a déjà un subrogé-tuteur et qu'il s'agit de choisir un tuteur. Le tuteur ne peut provoquer non plus sa destitution ni figurer à la délibération du conseil de famille réuni à cet effet. Ils ne peuvent être pris tous deux parmi les parents d'une même ligne, en sorte que, si le tuteur est choisi parmi ceux du côté paternel, le subrogé-tuteur doit, de toute nécessité, appartenir à la ligne maternelle. L'article 423 *in fine* s'exprime ainsi : « Le subrogé-tuteur sera pris, hors le cas de frères-germains, dans celle des deux lignes à laquelle le tuteur n'appartient pas. » Pris à la lettre, notre article semble vouloir dire que le subrogé-tuteur doit être parent du mineur, puisqu'il sera chosi dans la ligne à laquelle le tuteur n'appartient pas ; mais si tel était le sens de l'article, le législateur exigerait à *fortiori* que le tuteur datif fût un parent, et l'article 405 n'en dit rien ; de plus il s'ensuivrait que le subroger-tuteur pourrait être un étranger, dans le cas où le mineur aurait des frères germains, puisque le texte ajoute : « Hors le cas de frères-germains, » ce serait la seule signification à donner à l'exception, ce qui est inadmissible.

Les rédacteurs du Code n'exigent donc pas que le subrogé-tuteur soit pris dans la ligne à laquelle le tuteur n'appartient pas, mais ils défendent qu'ils puissent être pris tous deux dans la même ligne ; de là la possibilité d'appeler un étranger à exercer les fonctions de subrogé-tuteur.

L'article admet une exception lorsqu'il y a des frères-germains, car le fonctionnaire déjà existant se trouvant parent dans les deux lignes à la fois, il faudrait s'abstenir de prendre aucun parent ni d'un côté ni de l'autre ; on n'a pas à craindre que le subrogé-tuteur sacrifie les intérêts du pupille, qui est son frère aussi ; on a également plus de confiance dans le tuteur, parce qu'on présume que l'affection qu'il doit naturellement porter à l'enfant l'empêchera de lui nuire.

L'exception est limitée au cas où il existe des frères-germains ; elle ne s'étend pas à l'hypothèse où il se trouve d'autres collatéraux faisant partie des deux lignes ; il n'y a plus alors même garantie pour le pupille, et nous devons rentrer dans la règle.

Il y a controverse sur le point de savoir si lorsqu'il n'y a qu'un frère germain qui est tuteur on peut prendre le subrogé-tuteur dans la famille ; et il y a des auteurs qui décident que nous devons appliquer ici la règle de l'art. 423, qu'il y a danger pour le mineur à appeler un parent comme subrogé-tuteur, tandis que d'autres veulent que nous nous trouvions ici dans les termes de l'exception, parce que l'admission d'un subrogé-tuteur étranger pourrait porter préjudice au mineur.

Sous le nom de frères germains nous comprenons aussi les maris des sœurs germaines.

Les fonctions du subrogé-tuteur cessent avec la tutelle par la mort, la majorité ou l'émancipation du mineur; mais si le tuteur vient à être remplacé pendant le cours de l'administration, le subrogé-tuteur conserve son pouvoir, à moins que le nouveau tuteur ne soit pris dans la même ligne que lui; alors le conseil de famille doit lui désigner un successeur.

SECTION II.

Des incapacités, exclusion et destitution et des excuses.

III :

§ 1. — Des Excuses.

En principe, le tuteur est tenu d'accepter la charge qui lui est imposée; mais cependant il existe des circonstances qu'il peut invoquer pour s'y soustraire : ce sont les excuses.

Parmi les causes d'excuses, les unes sont fondées principalement sur l'intérêt général, les autres sur l'intérêt particulier, quelquefois même par faveur pour celui auquel elles sont accordées.

Il en est qui produisent leur effet, à quelque époque qu'on les propose; elles sont perpétuelles, les autres simplement temporaires, comme la cause sur laquelle elles s'appuient.

Enfin, les unes dispensent à *suscepta* comme à *suscipienda tutela*, lorsque d'autres sont inefficaces quand elles sont postérieures à la tutelle, ne dispensant que d'accepter la tutelle. La loi s'est montrée moins favorable pour la décharge d'une tutelle qu'on a acceptée, à cause du tort porté à la bonne administration des biens et des frais que ces changements occasionneraient au mineur.

La première cause légale d'excuse mentionnée par le Code civil est relative à un certain nombre de dignités éminentes, et parmi les personnes dispensées d'accepter une tutelle, il énumère : les membres de la famille régnante, certains magistrats, les préfets et autres fonctionnaires des départements, remplissant leurs charges sur un territoire autre que celui où la tutelle s'est ouverte ; les militaires en activité de service et les personnes chargées par le chef de l'État d'une mission à l'étranger. Le législateur n'a pas voulu qu'un service existant dans l'intérêt de tous pût être entravé par l'exercice d'une charge particulière, et cependant les personnes en faveur desquelles la dispense est admise sont libres d'accepter la tutelle si elles pensent qu'elle ne peut pas nuire aux fonctions dont elles sont investies.

L'excuse qui résulte de l'exercice d'un service public peut toujours être mise en avant pour soustraire le fonctionnaire à la tutelle ; mais du moment qu'il s'en est chargé, il ne peut la répudier, et si, depuis la gestion commencée, ces fonctions, services et missions lui sont conférés, il a un mois, sous peine de déchéance, pour convoquer le conseil de famille afin de se faire dispenser. Ces excuses ne sont que temporaires ; si bien que si le service prend fin tandis que la tutelle dure encore, le conseil peut la lui rendre, si le tuteur qui a été nommé à sa place demande sa décharge ; le conseil a, au surplus, un pouvoir tout-puissant pour décider s'il est plus avantageux de confier la tutelle à celui qui s'en est fait excuser que de la conserver à celui qui gère actuellement.

2° Art. 432. « Tout citoyen, non parent ni allié, ne peut être forcé d'accepter la tutelle que dans le cas où il n'existerait pas, dans la distance de quatre myriamètres, des parents ou alliés en état de gérer la tutelle. »

La tutelle est une charge de famille avant tout ; régulièrement elle doit peser sur ceux qui touchent de près au mineur ; mais cette règle ne s'applique pas à la tutelle une fois acceptée, en sorte que si un parent vient, pendant sa durée, s'établir dans ce rayon de quatre myriamètres, le tuteur ne pourra plus se faire dégrever.

L'âge de soixante-cinq ans accomplis dispense également d'accepter la tutelle et, celui qui est nommé avant d'avoir atteint cet âge, arrivé à soixante-dix ans, peut se faire remplacer. Cette excuse n'est pas nécessairement proposée comme celle qui résulte de l'exercice de fonctions publiques, dans un délai déterminé ; on n'a aucun reproche à adresser au vieillard qui, présumant trop de ses forces, a voulu, cet âge atteint, continuer sa gestion, par affection pour le mineur ; quand il se sent trop accablé par les soins qu'elle exige, il est donc libre d'y renoncer.

Les infirmités dûment justifiées et permanentes sont assimilées à l'âge avancé, car elles dispensent aussi d'accepter la tutelle ; mais une fois qu'on a renoncé à ce bénéfice, on ne peut le recouvrer, à moins que, prenant un caractère plus grave dans le cours de l'administration, elles ne mettent celui qui en souffre dans l'impossibilité de poursuivre sa tâche. Si elles sont survenues postérieurement, il est toujours permis au tuteur de se faire remplacer. Deux tutelles sont pour toutes personnes une juste dispense d'en accepter une troisième ; elles sont déjà très-onéreuses pour le tuteur, et une troisième pourrait excéder ses forces et nuire aux intérêts de tous ses pupilles.

Il faut qu'il y ait deux patrimoines distincts à administrer, et il ne suffit pas qu'il y ait dans la même tutelle deux mineurs à gouverner; c'est ce que Pothier nous dit dans son Traité des personnes, Titre : VI. « Le nombre de trois tutelles, où il y a trois patrimoines, exempte aussi d'une quatrième. »

Le père ou l'époux qui est déjà chargé d'une tutelle ne peut être tenu d'en accepter une seconde, à moins que ce ne soit celle de ses propres enfants. La qualité de père ou d'époux équivaut aux yeux du législateur à une tutelle, et si ce père ou cet époux est déjà tuteur et qu'une nouvelle tutelle vienne à se présenter, il peut la répudier comme toute personne deux fois tutrice; mais si cette autre tutelle est celle de ses enfants *quid juris?* il peut la refuser, ont répondu certains auteurs; il est tenu de l'accepter, ont soutenu d'autres, mais alors il pourra se faire décharger de l'autre tutelle. De ce que la loi a accordé ce bénéfice au seul titre de père ou d'époux, il faut conclure que le veuf qui a des enfants majeurs et est tuteur d'enfants qui lui sont étrangers, peut refuser toute nouvelle tutelle.

La sixième cause d'excuse que le Code nous indique est une conséquence du nombre d'enfants, celui qui a cinq enfants actuellement vivants peut la présenter; l'enfant conçu ne compte pas, il n'est réputé né, en effet, que toutes les fois que ses intérêts sont en jeu. Les enfants décédés ne comptent pas non plus, à moins qu'ils ne soient morts au service de l'Etat, suivant cette belle pensée que nous avons empruntée au droit romain : *Qui pro republica ceciderunt, inperpetuum per gloriam vivere intelliguntur.*

Les descendants d'enfants morts, en quelque nombre qu'ils soient, ne sont comptés que pour leur auteur.

Mais si le nombre d'enfants exigé pour qu'on puisse l'admettre pour dispenser de la tutelle ne vient à se parfaire que postérieurement à la gestion entreprise, on ne peut l'abandonner, car il n'y a pas là excuse à *suscepta tutela.*

Ajoutons à toutes celles que nous venons d'énumérer l'excuse légale accordée à la mère survivante; nous avons déjà été amené à en parler en expliquant l'art. 394.

Les excuses sont proposées au conseil de famille, et le recours contre sa décision est porté devant le tribunal civil; en attendant le jugement du tribunal, le tuteur qui les fait valoir est tenu d'administrer provisoirement, pour ne pas laisser les affaires du mineur en souffrance.

Si le tuteur succombe dans sa demande, il doit supporter les frais du procès; si, au contraire, il obtient gain de cause, ce sont ceux des membres du conseil de famille qui ont refusé d'admettre sa prétention qui seront condamnés aux dépens ; mais le tribunal a ici un pouvoir discrétionnaire pour apprécier si l'opposition a eu pour guide l'intérêt du mineur, qui, dans ce cas, payera les frais, ou si leur décision n'a eu pour mobile que la haine qu'ils portent au tuteur, et alors ce sont eux qui en seront tenus, car il n'est pas juste que le tuteur ou son pupille souffrent de leur obstination souvent injuste.

Un délai a été accordé au tuteur, dans lequel il doit présenter ses excuses, mais il faut établir des distinctions : s'il s'agit d'un tuteur testamentaire ou légitime, il a trois jours, à partir du moment où il a connu l'événement qui donne lieu à l'ouverture de la tutelle et qui l'y appelle. Si c'est un tuteur datif, assistait-il à la délibération qui l'a nommé, il a dû les faire valoir de suite. Si, au contraire, il n'y était pas présent, il a trois jours pour faire convoquer le conseil et lui soumettre ses causes de dispense.

§ 2. — Des incapacités.

Il faut bien se garder de confondre les incapacités avec les excuses : les premières empêchent d'être tuteurs, même ceux qui voudraient l'être ; les excuses, au contraire, sont accordées dans l'intérêt d'une personne qui est appelée à la tutelle, mais qui, grâce à elles, peut y renoncer.

Il y a une différence notable entre l'incapacité et l'exclusion d'une tutelle. La loi, pour prononcer l'exclusion, s'appuie sur des motifs qui entachent l'honneur ou la probité de celui qu'elle condamne, tandis que l'incapacité ne présente pas ce caractère ignominieux.

Enfin, entre l'exclusion et la destitution il y a cette analogie, que ce sont les mêmes causes qui y donnent lieu, et cette différence, que la première ferme l'entrée d'une tutelle à une personne

6

qui voudrait l'accepter, tandis que la seconde force le tuteur à abandonner l'administration déjà commencée.

L'article 442 s'occupe des incapacités et en cite quatre cas; si la tutelle est une charge, elle est aussi un droit : le législateur a dû déterminer les causes pour lesquelles il privait un individu de ce droit.

La minorité est la première des incapacités, avec une restriction pour le cas où le tuteur est le père ou la mère, et on s'est demandé, au sujet de notre article, s'il embrassait dans sa généralité aussi bien les père et mère naturels que les père et mère légitimes. Les auteurs ne sont pas d'accord sur ce point. Le motif qui fait considérer comme capables d'être tuteurs le père ou la mère est cette pensée, que la tendresse des parents pour leur enfant suppléera à l'expérience qui leur manque.

Au reste, ils ne pourront faire comme tuteurs les actes dont ils sont incapables pour eux-mêmes ; pour les autres actes, ils devront se faire autoriser. Par qui ? Suivant des auteurs, par leur curateur ; suivant d'autres, par le subrogé-tuteur de l'enfant, ce qui est plus raisonnable, car il s'agit des affaires de la tutelle à la surveillance de laquelle il est préposé.

Par les interdits, dont l'article fait la seconde classe d'incapables, il faut entendre ceux qui ont été judiciairement interdits pour imbécillité, démence ou fureur, et non pas les prodigues, qui sont pourvus d'un conseil judiciaire.

Les incapacités sont de droit étroit, on ne peut les étendre au delà des termes dans lesquels la loi les a renfermées, ce qui arriverait si nous rangions arbitrairement les individus pourvus d'un conseil judiciaire dans cette classe; car l'article ne parle que des interdits, et les prodigues ne le sont pas.

Nous savons déjà que les femmes sont, en principe, incapables d'être tutrices et de faire partie du conseil de famille, et qu'une exception existe en faveur de la mère et des autres ascendantes. Mais il leur est purement facultatif d'user du bénéfice que la loi leur accorde, elles sont libres d'y renoncer, et leur sexe est pour elles une cause d'excuse.

Lorsqu'il existe une grave opposition d'intérêts entre le pupille et la personne appelée à la tutelle, le législateur en écarte cette dernière comme incapable ; mais pour cela il faut qu'il y ait entre eux un procès d'où dépendent, soit l'état, soit la fortune, soit une partie considérable des biens du mineur ; il faut encore que ce procès soit intenté par le tuteur ou par son père contre le père du mineur. Les mêmes motifs de lui refuser la tutelle existent dans l'une et dans l'autre hypothèse ; en effet, le tuteur est habitué à considérer comme ses biens propres ce qui appartient à son père et doit un jour lui faire retour ; s'il est un malhonnête homme, placé entre son intérêt et son devoir, il est bien à craindre qu'il ne sacrifie le mineur dans son désir d'augmenter son patrimoine ou celui de son père.

Des jurisconsultes ont admis que toute contestation entre le fils ou le conjoint du tuteur, bien plus que toute inimitié, de quelque façon qu'elle se manifestât, devait constituer des causes d'incapacité.

Cela est vrai d'après les idées romaines ; mais on ne peut répondre qu'on a peu à redouter aujourd'hui ces haines qui se terminaient souvent par le meurtre du pupille ; que la présence du subrogé-tuteur, fonctionnaire complétement étranger à l'organisation de la tutelle chez les Romains, atténuera beaucoup ces dangers, et qu'enfin en s'écartant du texte du Code, on ne sait pas où l'on pourra s'arrêter dans la voie des analogies.

§ III. — Causes d'exclusion et de destitution.

Elles sont au nombre de trois : la première, indiquée par l'article 443, opère de plein droit sans qu'il soit nécessaire d'appeler le conseil de famille à la prononcer ; elle résulte d'une peine afflic-

tive et infamante, aux termes des articles 7 et 8 du Code pénal.
C'est une interdiction perpétuelle des fonctions de tuteur, à la différence de celle qui est prononcée par un jugement du tribunal
de police correctionnelle, dans le cas de calomnie ou d'excitation
à la débauche; ce jugement doit toujours limiter la durée de cette
privation des droits de famille.

Les gens d'une inconduite notoire, dont les mœurs sont déréglées
et les habitudes désordonnées, sont privés de l'exercice de la tutelle; un fait est notoire, quand il est su d'un grand nombre de
personnes, sans qu'il soit nécessaire que tout le monde en ait connaissance; en sorte que, lors même que le conseil de famille a été
obligé de prendre des informations sur la moralité du tuteur, il
peut y avoir notoriété suffisante et, comme conséquence, exclusion
de la tutelle.

Il faut décider la même chose, quand l'incapacité ou l'infidélité
du tuteur résulte d'une gestion antérieure, qu'il s'agisse de l'administration des biens d'un autre mineur, ou même du patrimoine du
tuteur, c'est la dernière cause d'exclusion mentionnée par le Code.

Les causes qui excluent de la tutelle ferment aussi l'entrée du
conseil de famille; mais, pour que cette interdiction puisse avoir
lieu, il ne suffit pas que le tuteur soit connu pour incapable ou improbe, il faut encore qu'il ait été, à raison de ces motifs, empêché
d'accepter une tutelle. Les causes d'exclusion et de destitution
d'un membre de conseil de famille sont donc les suivantes : la condamnation à une peine afflictive et infamante, la condamnation correctionnelle prononçant l'interdiction du droit de vote aux délibérations du conseil, et enfin l'exclusion ou la destitution d'une
tutelle.

Il ne faut pas voir une cause de destitution dans le cas où un tu-
eur est écarté et remplacé par un autre. Le conseil de famille, ar-
bitre souverain des intérêts du mineur, peut, quand il l'exige,
le changer, sans rien avoir à lui reprocher. C'est ce qui arrive lor s

que la mère se remarie; le conseil peut lui enlever la tutelle, par la crainte de l'influence du nouvel époux.

Toutes les fois qu'il y a lieu à destitution, c'est le conseil de famille, convoqué à la diligence du subrogé-tuteur ou d'office par le juge de paix, qui la prononce; c'est également lui qui prononce l'exclusion.

Toute délibération du conseil sera motivée et ne peut être prise que le tuteur entendu ou dûment appelé. Si le tuteur adhère à la délibération, mention en est faite au procès verbal, et le nouveau tuteur nommé à sa place entre de suite en fonctions.

Si le tuteur y forme opposition, le subrogé-tuteur poursuit devant le tribunal l'homologation de la délibération, sauf appel.

L'affaire est instruite sans préliminaires de conciliation et sans toutes les écritures qui sont d'usage, lorsqu'il s'agit d'affaires ordinaires.

CHAPITRE II.

De l'administration de la Tutelle.

Nous n'avons fait qu'indiquer, jusqu'à ce moment, le rôle du tuteur dans l'organisation de la tutelle; il nous faut maintenant examiner, d'une manière plus spéciale, les fonctions dont il est investi. La mission que la loi lui a confiée est double : prendre soin de la personne du mineur, administrer ses biens.

La première de ces attributions n'est pas de l'essence de la tutelle, elle résulte du droit de puissance paternelle d'où dérivent les droits de garde, d'éducation et de correction; mais ces deux pouvoirs si différents peuvent se trouver séparés.

Il est facile en effet, d'après les principes que nous venons d'exposer, de prévoir plusieurs hypothèses, et la première qui se présente à l'esprit est celle où la tutelle appartient au survivant des père et mère; la qualité de tuteur se cumule ici avec le titre de père;

ce n'est pas en tant que tuteur, mais comme père, qu'il exerce ces droits.

L'intérêt de la distinction est important, parce que, en cette qualité, ses pouvoirs sont bien plus étendus que ceux d'un tuteur ordinaire; nous allons le démontrer.

Le père peut exercer son droit de correction soit par voie d'autorité, quand l'enfant n'a pas encore atteint seize ans, ce qui veut dire que le président ne peut pas se refuser à ordonner l'arrestation, sans que le père soit obligé de lui faire connaître les motifs qui le déterminent à la demander; soit par voie de réquisition, lorsque l'enfant se trouve majeur de seize ans, ou a des biens qui lui sont personnels, où exerce un état, ou enfin a perdu sa mère.

Le tuteur, au contraire, ne peut jamais obtenir l'incarcération du pupille que par voie de réquisition, et encore faut-il qu'il en ait obtenu l'autorisation du conseil de famille.

En outre, le père a plein pouvoir pour déterminer lui-même la somme nécessaire aux besoins de l'enfant, ou le genre d'éducation qu'il doit recevoir, ou encore le lieu où il résidera. C'est le conseil de famille qui est chargé de fixer le chiffre des dépenses à faire par le tuteur pour l'entretien de son pupille; c'est lui qui indique la manière dont il sera élevé; il peut aussi enlever au tuteur la garde du mineur pour la confier à un autre, sauf au tuteur à former opposition contre cette décision, si elle est contraire aux véritables intérêts de l'enfant.

Enfin le père a des droits qui n'appartiennent jamais au tuteur; il a la jouissance légale des biens de ses enfants mineurs, il peut consentir à leur mariage ou refuser de l'autoriser, il a le droit de les émanciper et d'autres encore qu'il serait inutile d'énumérer.

Le père existe, mais il s'est fait excuser de la tutelle : dans ce cas les attributions du tuteur et celles qui sont des attributs de la puissance paternelle sont parfaitement distinctes; le tuteur n'a pas à s'occuper de la personne du mineur, il n'est chargé que de la gestion de son patrimoine.

Lorsque la puissance paternelle s'est éteinte dans la personne du père ou de la mère, c'est le tuteur qui a succédé à leurs droits; mais, comme nous l'avons indiqué plus haut, ils sont moins étendus que n'étaient les leurs.

Le tuteur représente le mineur dans tous les actes civils : représenter un incapable, c'est agir en son nom et pour lui, jouer son rôle, en sorte que toutes les opérations accomplies par le tuteur produisent leur effet activement et passivement dans la personne du mineur; en un mot, c'est un mandataire.

A Rome, où on avait admis ce principe que nul ne pouvait représenter une autre personne, les choses se passaient autrement : c'était le pupille lui-même, du moins lorsqu'il n'était plus *infans* ou *infantiæ proximus,* qui stipulait, promettait et agissait, mais avec l'*auctoritas tutoris* qui augmentait et complétait sa capacité.

La règle que nous avons admise comme étant reconnue par notre législation n'est pas absolue; il est des actes pour lesquels le mineur ne peut être suppléé, comme le mariage, le contrat de mariage et le testament, quand le pupille a seize ans accomplis.

Le tuteur doit administrer en bon père de famille, et il répond de sa mauvaise gestion, de même que du défaut d'administration.

Le tuteur, à son entrée en charge, a plusieurs obligations à remplir. Il doit d'abord convoquer le conseil de famille pour qu'il ait à s'occuper de la nomination d'un subrogé-tuteur; nous n'avons pas à y revenir. Nous signalerons comme défectueuse la rédaction de l'art. 451, qui exige que cette convocation se fasse dans les dix jours de la nomination du tuteur; cette obligation semble ne s'appliquer qu'au cas de tutelle dative, tandis qu'elle est imposée à tous les tuteurs; il eût mieux valu dire : A partir du moment où le tuteur a connaissance de l'événement qui donne lieu à l'ouverture de la tutelle.

Il y a encore, dans le même article, une autre inexactitude : il dit que le tuteur doit requérir la levée des scellés; cela est trop géné-

ral, car il n'y a lieu à la demander que lorsque l'héritier mineur est
sans tuteur, et non dans le cas où le nouveau tuteur vient en remplacer un autre qui s'est fait excuser; il n'y a point alors apposition
de scellés, mais simplement reddition de compte par le tuteur
sortant.

Le tuteur est tenu de faire faire inventaire, contenant description
et estimation des effets mobiliers du mineur. C'est la base fonda-
mentale de toute l'administration tutélaire; il a pour but d'éviter
les détournements et les substitutions, de faciliter les comptes que
le tuteur doit présenter à la fin de sa gestion, de faire connaître la
fortune exacte du pupille, afin de permettre au conseil de famille
de fixer la somme que le tuteur doit consacrer à l'entretien du mineur, d'après l'importance de son patrimoine.

Les conséquences du défaut d'inventaire sont d'abord de permettre au mineur ou à ses représentants de prouver la consistance
du mobilier et sa valeur, par témoins et même par la commune re-
nommée; l'art. 1348 autorise la preuve testimoniale, quel que soit
l'objet, quand le créancier n'a pu se procurer une preuve écrite.
Or le pupille se trouve ici dans cette impossibilité.

Le tuteur pourrait être destitué , par application de l'art. 444, en
considérant le défaut d'inventaire comme un acte d'incapacité et sur
tout d'infidélité de sa part. L'inventaire est dressé par un notaire en
présence du subrogé-tuteur, le tuteur y assiste et doit, sur la demande du notaire, déclarer les créances qu'il a contre le mineur;
celles qu'il n'indique pas sont éteintes de plein droit. Cette déchéance paraît, à première vue, bien rigoureuse, mais elle n'a rien
d'injuste, car on veut empêcher la fraude par laquelle le tuteur
pourrait faire revivre une créance éteinte, s'il s'apercevait que la
preuve de la libération du mineur ne se trouve pas dans les papiers
du mineur. Aussi cette déclaration doit-elle précéder le dépouille-
ment de ces papiers; la crainte de voir apparaître la preuve de sa
mauvaise foi par la découverte d'une quittance, retiendra le tuteur
et le forcera à dire la vérité.

Mais il serait inique d'appliquer cette disposition au tuteur qui, sur la réquisition du notaire, aurait déclaré n'être pas créancier, si à ce moment il ignorait qu'il le fût devenu.

Quel serait le sort d'une clause par laquelle un disposant dispenserait un tuteur de faire inventaire des biens qu'il transmet à un mineur? De vives dissidences se sont élevées à ce sujet. Il y a des personnes qui ont admis la validité de cette condition, parce que le disposant pouvait ne rien laisser au mineur et donner tous ses biens au tuteur, il pouvait donc, *à fortiori*, en laissant ses biens au mineur, dispenser de l'inventaire, car, qui peut le plus peut le moins. D'autres proclament la nullité de cette clause parce que la nécessité d'un inventaire est d'ordre public, étant le fondement du compte que le tuteur doit rendre; si le disposant peut mettre à sa libéralité telles conditions qu'il lui plaît, il peut donc dispenser le tuteur de l'obligation de rendre compte, ce qui est inadmissible. Ces deux obligations de faire inventaire et de rendre compte sont corrélatives l'une de l'autre : en dispensant de l'une on supprime l'autre; les partisans du premier système le reconnaissent si bien, qu'ils n'admettent la validité d'une clause ainsi conçue que parce qu'il existe un autre moyen de constater l'augmentation du patrimoine du mineur dans la faculté qui appartient au conseil de famille de pouvoir exiger du tuteur des états de situation, en sorte qu'ils n'affranchissent le tuteur de la nécessité de faire inventaire que parce qu'il reste tenu d'un autre côté.

L'art. 452 veut que, dans le mois qui suit l'inventaire, le tuteur fasse vendre les meubles du mineur autres que ceux que le conseil de famille l'autorise à conserver en nature; le motif de cette vente est que les meubles sont improductifs et dispendieux à garder; il vaut mieux avoir à leur place une somme d'argent facile à placer et qui donnera des intérêts.

Il ne s'agit que des meubles corporels et non des droits, créances ou rentes du mineur; leur conservation ne peut que lui être utile, et d'ailleurs l'article nous donne raison quand il parle des meubles qu'on peut conserver en nature. La vente de tous les meubles n'est pas nécessaire, parce qu'il en est qui peuvent servir à l'usage personnel du pupille ; mais le tuteur, pour avoir le droit de les garder, doit se faire autoriser par le conseil de famille.

Les père et mère, tant qu'ils ont la jouissance propre et légale des biens du mineur, sont dispensés de vendre les meubles, s'ils préfèrent les garder en nature ; on conçoit qu'ils peuvent y attacher un intérêt d'affection très-vif, à cause des souvenirs de famille qui s'y rapportent.

Ils doivent les faire estimer à leurs frais par un expert choisi par le subrogé-tuteur, et qui doit prêter serment devant le juge de paix. Nous trouvons dans cet article mention d'une estimation à juste valeur, et dans d'autres textes on y ajoute les mots : Sans crue. Est-ce qu'une estimation ne doit pas toujours être exacte ? Cela s'explique historiquement. Un édit de 1556 laissait à la charge des experts les choses qu'ils avaient estimées et qu'on n'avait pu vendre au prix indiqué ; de là l'habitude pour les experts d'estimer au-dessous de la valeur, et pour ceux qui faisaient estimer, d'ajouter au prix indiqué ce que l'on appelait la crue. Le législateur a voulu abroger cet usage en délivrant l'expert de la responsabilité qui pesait sur lui, mais en exigeant en retour une évaluation exacte.

Si, lorsque l'usufruit finit, les objets conservés existent encore en nature, la restitution en est faite dans l'état où ils se trouven t sauf indemnité dans le cas où la moins-value provient d'une faute de l'usufruitier.

Dans l'impossibilité de les représenter en nature, la valeur en est due au jour de l'estimation, et non celle qu'ils ont quand l'usufruit s'éteint. Si la perte est arrivée par suite d'un cas fortuit, comme tout usufruitier, il est libéré, mais il doit prouver l'existence du cas fortuit.

Lors de l'entrée en gestion, le conseil doit déterminer la somme annuelle destinée à faire face aux besoins de l'enfant, d'après ses ressources ; le conseil peut, du reste, pendant le cours de la tutelle, modifier le chiffre qu'il a fixé. Il décide aussi si le tuteur peut s'aider d'administrateurs salariés par le mineur, et quelle sera la somme à partir de laquelle commencera pour le tuteur l'obligation de faire emploi de l'excédant des recettes sur la dépense. Enfin, aux termes de l'article 470, le conseil de famille, en vertu de la surveillance générale qui lui appartient sur l'administration du tuteur, peut ordonner que celui-ci sera tenu de remettre au subrogé-tuteur des états de situation de sa gestion, aux époques qu'il jugera à propos de fixer, sans qu'il puisse être astreint à en fournir plus d'un chaque année.

Aucune des dispositions que nous venons d'énumérer n'est applicable au père ou à la mère exerçant la tutelle, lorsqu'ils ont la jouissance légale des biens du mineur ; le conseil de famille ne peut restreindre leurs pouvoirs comme ceux d'un tuteur ordinaire.

Revenons à la nécessité de l'emploi que nous avons signalée plus haut. Le placement de petites sommes pourrait gêner l'administration de la tutelle, et d'ailleurs, on trouverait difficilement à les placer, et à des conditions désavantageuses ; c'est au conseil de famille qu'il appartient de déterminer, d'après la fortune du mineur, à partir de quel chiffre il exige que l'emploi ait lieu. Le tuteur a six mois pour le faire, à compter du moment où la somme est disponible entre ses mains ; ce délai expiré, les intérêts courent de plein droit contre lui. Le législateur n'a pas indiqué le genre de placement ; il s'en rapporte entièrement à la sagesse du tuteur. Pendant ces six mois, le tuteur doit les intérêts des sommes qu'il a consacrées à son propre usage et de celles dont il est débiteur envers son pupille, car il est en faute : il a dû à *semetipso exigere*.

La loi déclare que le tuteur représente le mineur dans tous les actes de la vie civile, mais il n'a pas dans tous les cas des pouvoirs aussi étendus : ainsi, il est des actes qu'il peut faire seul, d'autres pour lesquels l'autorisation du conseil de famille lui est nécessaire, mais suffisante ; d'autres encore pour lesquels il lui faut obtenir, outre l'autorisation du conseil, l'homologation du tribunal ; d'autres enfin qui lui sont entièrement interdits, sans que rien puisse l'habiliter à les faire.

I.

En principe, il peut faire seul tous les actes d'administration et de conservation, comme toucher les revenus du pupille et en donner quittance, exercer les actions mobilières, défendre aux actions immobilières, vendre les meubles, mais les meubles incorporels ne peuvent être vendus par lui à l'amiable.

L'art. 1er de la loi du 24 mars 1806 s'exprime en ces termes : « Les tuteurs ou curateurs des mineurs ou interdits, qui n'auraient eu inscription ou promesses d'inscriptions de 5 °/₀ consolidés, qu'une rente de 50 fr. et au-dessous, en pourront faire le transfert sans qu'il soit besoin d'autorisation spéciale, ni d'affiches, ni de publications, mais seulement d'après le cours constaté du jour, et à la charge d'en compter comme du produit des meubles. » L'art. 3 dit : « Les inscriptions ou promesses d'inscription au-dessus de 50 fr. de rente, ne pourront être vendues par les tuteurs ou curateurs qu'avec l'autorisation du conseil de famille, et suivant le cours du jour légalement constaté ; dans tous les cas, la vente pourra s'effectuer sans qu'il soit besoin d'affiches ni de publications. »

Par un décret du 25 septembre 1813 :

Les dispositions de la loi du 24 mars 1806, relatives au transfert d'inscriptions de rente de 5 °/₀ consolidés, appartenant à des mineurs ou interdits, sont rendues applicables aux mineurs et interdits, propriétaires d'actions ou porteurs d'actions de la Banque de

France, toutes les fois qu'ils n'auraient qu'une action ou un droit dans plusieurs actions n'excédant pas une action entière. »

Pour les autres meubles incorporels, tels que rentes ou créances sur particuliers, ou actions de canaux ou de chemins de fer, nous pensons, quoique la question soit discutée, que les dispositions de la loi de 1806 et du décret de 1813, ne leur sont pas applicables, le législateur gardant le silence à leur égard.

Le tuteur peut passer des baux ou les renouveler, mais sans que leur durée puisse excéder neuf années, et il existe cette différence entre les baux passés par le mari sous le régime de communauté, pour les biens qui appartiennent à sa femme, et ceux consentis par le tuteur, que le bail est obligatoire tant que la communauté subsiste; une fois dissoute, la femme a seul le droit de le critiquer, tandis que, pendant la tutelle, le tuteur peut faire réduire la durée du bail qu'il a fait, car ce n'est pas en son nom, mais pour le mineur qu'il agit; il peut donc, dès à présent, faire ce que celui-ci pourra quand il sera majeur.

II.

L'autorisation du conseil de famille est nécessaire pour que le tuteur puisse agir dans les cas suivants :

Pour répudier une succession, si le tuteur s'est passé de demander l'autorisation, la renonciation sera nulle; si, au contraire, il s'est fait autoriser à le faire, elle sera valable; mais la loi distingue si la succession a été acceptée par d'autres, le mineur ne peut la reprendre, il y est désormais étranger; si elle n'a été encore acceptée par personne, le tuteur peut obtenir une nouvelle délibération pour la reprendre, et l'incapable devenu majeur peut également s'en faire mettre en possession.

Pour accepter une succession échue au mineur, une délibération du conseil est également indispensable, et encore l'acceptation n'est-elle permise au tuteur que sous bénéfice d'inventaire; il semble pourtant que, dans ce cas, le mineur ne peut que gagner; il n'a rien à redouter, n'étant tenu des dettes qu'*intra vires successionis.* A quoi bon une autorisation du conseil? le tuteur n'aurait-il pas bien pu faire seul cette acceptation? On peut répondre que, même dans l'hypothèse, le mineur peut perdre ; il sera tenu, en effet, en sa qualité d'héritier, à rapporter les libéralités qu'il aurait reçues du défunt, en sorte que si elles excèdent de beaucoup la part héré‑ditaire à laquelle il a droit, il a tout intérêt à renoncer; en outre, ne vaut-il pas mieux renoncer que d'engager le temps et les soins du tuteur dans les embarras si compliqués d'une liquidation. C'est au surplus une résolution grave, ce qui explique parfaitement que le conseil doive être consulté.

S'il s'agit d'une donation à accepter, les charges qu'elle impose peuvent être fort onéreuses, et les conditions qu'elle renferme, immorales, ce qui motive la nécessité d'une autorisation; la famille doit examiner les avantages et les dangers que présente la libéra‑lité; il y va de la fortune du mineur et de son honneur. Un ascen‑dant de l'enfant peut l'accepter pour lui, sans qu'il ait besoin de se faire autoriser; mieux que tout autre il sera à même de juger s'il y a intérêt à accepter ou à renoncer.

Pour former une demande relative aux droits immobiliers de l'enfant, il faut que le conseil ait autorisé à l'intenter : le législa‑teur ne veut pas que le tuteur puisse, par une action inopportune, sacrifier les droits du mineur, qu'il considère comme les plus pré‑cieux; mais pour y défendre le tuteur peut agir seul, une autorisa‑tion était inutile, le conseil ne pouvait la refuser, d'autant plus que c'est en présence du ministère public que les intérêts du mineur sont débattus. Le tuteur ne peut pas non plus seul acquiescer à une demande relative à ces mêmes droits, car, acquiescer, c'est recon‑naître fondée la prétention de l'adversaire et s'engager à y satis‑faire. La demande supposant un droit douteux, la loi exige la garantie de l'autorisation du conseil de famille.

Si le tuteur non autorisé forme cette demande, comme le mineur n'est pas valablement représenté, l'adversaire peut s'abstenir ;
s'il plaide et triomphe, le mineur a le droit de se prévaloir contre
lui du défaut d'autorisation ; mais lui ne le peut s'il succombe, car
il a renoncé à la faculté que la loi lui accordait de n'y pas répondre.

Le conseil doit autoriser le tuteur à former une demande en
partage. Tout partage constitue au fond une aliénation ; il y a une
cession fictive des droits que le mineur avait sur la masse commune, et ses co-partageants, de leur côté, lui abandonnent ceux
qu'ils avaient sur les biens qui composent son lot ; c'est un
échange qui peut être désavantageux et auquel le tuteur ne peut
consentir seul.

Si la demande est intentée contre lui, le tuteur peut y répondre
seul sans consulter le conseil de famille, qui ne pourrait pas refuser
d'autoriser.

Le partage se fait en justice ; il est précédé d'une estimation faite
par des experts nommés par le tribunal de l'ouverture de la succession. Ces experts prêtent serment de bien remplir leur mission, divisent les héritages et forment les lots, qui sont tirés au
sort en présence d'un juge du tribunal ou d'un notaire par lui
commis.

Quel est donc le sens de l'article 466, qui déclare que tout autre
partage ne sera considéré que comme provisionnel ? On distingue
deux sortes de partages possibles entre co-propriétaires : le premier est un partage irrévocable, définitif ; il fait cesser l'indivision,
portant sur la propriété ; le second, temporaire, n'atteint que la
jouissance, il sera remplacé plus tard par un autre définitif ; c'est
le partage provisionnel dont s'occupe notre article, partage qui
peut se faire sans formalités, même s'il y a un mineur, acte de
simple administration auquel le tuteur est apte

Mais s'il est prouvé que les parties ont entendu faire un partage définitif et que le tuteur y ait procédé sans employer les formes exigées, il est évident que le partage est nul au profit du mineur, qui, pendant les dix ans qui suivront sa majorité, aura le choix entre le maintien et l'annulation du partage. Si l'intention des parties n'est pas manifeste, comme il est plus que probable, qu'en ne se conformant pas à la loi, elles n'ont voulu faire qu'un partage de jouissance, on présume un simple partage provisionnel qui produit son effet entre les parties. C'est ce qu'a voulu dire l'art. 466, *in fine.*

III.

Il y a des actes plus importants que tous ceux que nous venons d'examiner, qui ne pourront être faits par le tuteur qu'en vertu de l'autorisation du conseil de famille et de l'homologation du tribunal.

Parmi ces actes, nous citerons d'abord l'emprunt, dangereux pour le mineur ; le conseil de famille qui l'autorise ne doit se faire que dans le cas d'absolue nécessité ou d'avantage évident : ainsi pour faire des réparations nécessaires ou pour acquitter une dette onéreuse et exigible.

Le conseil de famille ne doit permettre, que dans les mêmes circonstances, l'aliénation des biens immeubles du mineur. La vente se fait aux enchères publiques, qui seront reçues par un membre du tribunal ou un notaire à ce commis.

Quand un immeuble appartient en commun à plusieurs, si l'on reconnaît, sur la demande formée par l'un d'eux, que l'héritage n'est pas commodément partageable, il y a lieu à la licitation pour en partager le prix. Ce cohéritier, n'étant pas tenu de rester dans l'indivision, peut toujours contraindre au partage ou à la vente ; si donc le mineur est forcé de subir la licitation, il n'y a pas lieu à rechercher si la vente est utile, et l'homologation, qui a pour but de constater cette utilité, n'est point nécessaire.

Si c'est le mineur qui forme la demande, comme rien ne l'oblige à vendre, un jugement qu'ordonnerait la licitation ne serait possible qu'après une délibération du conseil de famille et l'homologation de cette autorisation ; le tribunal n'a qu'à examiner si l'immeuble est ou non partageable en nature.

L'art. 457 défend au tuteur d'hypothéquer les immeubles du mineur sans l'emploi des formalités protectrices de l'autorisation et de l'homologation.

La délibération qui donne au tuteur le pouvoir de vendre et de constituer hypothèque, doit désigner les immeubles qui devront être vendus ou sur lesquels portera l'hypothèque conventionnelle.

La transaction est un contrat par lequel deux parties préviennent ou terminent une contestation à l'aide de sacrifices réciproques. Cette sorte de convention exige de ceux qui la font une grande habitude des affaires, car il est fort difficile de reconnaître avec certitude l'existence ou la validité d'un droit, de voir si la concession que l'on fait n'est pas plus importante que l'objet même de la transaction ; c'est pourquoi le législateur veut, pour que le tuteur puisse transiger, qu'il ait obtenu, outre l'autorisation du conseil de famille homologuée par le tribunal, l'avis de trois jurisconsultes désignés par le procureur impérial.

IV.

Il nous reste, pour en finir avec l'administration de la tutelle, à parler de certains actes qui sont formellement interdits au tuteur.

Il ne lui est point permis de faire un compromis pour son mineur, c'est-à-dire de convenir avec l'adversaire de remettre à des arbitres la décision d'un différend, au lieu de le porter en justice.

Il ne peut disposer à titre gratuit des biens du mineur, car il est chargé d'administrer, et administrer c'est conserver et améliorer ; donner c'est perdre : il n'en a donc pas le droit.

8

L'article 1596, au titre de la vente, lui interdit formellement d'acheter les biens du mineur ; on n'a pas voulu le placer entre son intérêt et son devoir ; chargé de faire monter aux enchères le plus haut possible le prix de ces biens, on craint que pour les acquérir à meilleur marché, il n'écarte les adjudicataires.

Il ne peut non plus se faire céder les droits et actions qu'un tiers a contre le mineur ; le tuteur pourrait faire disparaître les quittances afin de réclamer le payement des dettes éteintes ; mais la loi ne s'est point occupée du sort de la cession ; si en fait elle avait lieu, plusieurs systèmes se sont présentés dans le silence du législateur.

Dans une opinion, la cession est déclarée valable pour le cédant, mais nulle entre le mineur et son tuteur ; la créance cédée est éteinte, n'appartenant plus au cédant, qui est désintéressé, ni au cessionnaire qui n'a pu l'acquérir. C'était l'opinion des jurisconsultes romains, et rien ne prouve que le législateur ait voulu innover. Le tuteur qui a enfreint la prohibition de la loi perd son prix de cession, et le mineur se trouve libéré sans avoir rien à débourser.

D'autres auteurs disent que le Code n'a pas reproduit une règle aussi rigoureuse ; s'il eût voulu la maintenir, il se serait expliqué ; d'après eux, la cession est frappée d'une nullité absolue, les choses sont remises dans le même état que si rien ne s'était passé ; le tuteur se fera rendre le prix de cession par le cédant, qui reste créancier comme auparavant. C'est l'avis que nous admettons.

Suivant d'autres, enfin, la loi ne s'est préoccupée que de l'intérêt du mineur : il peut tenir la cession pour bonne et valable en acceptant son tuteur pour créancier ou la faire annuler ; alors il reste débiteur du cédant. Dans le premier cas, le tuteur ne peut réclamer que le prix qu'il a payé réellement au cédant, et non la valeur nominale de la créance. Tout ce que la loi veut, c'est que le mineur ne s'enrichisse pas aux dépens du tuteur.

Nous avons bien souvent parlé du rôle que joue le conseil de famille dans l'administration de la tutelle ; nous avons énuméré les actes que le tuteur ne peut faire qu'avec son autorisation ; nous n'avons plus qu'à indiquer les règles formulées par le Code de procédure civile relativement à ses délibérations.

L'article 883 exige que l'avis de chaque membre soit mentionné au procès-verbal lorsque la délibération n'est pas prise à l'unanimité, afin que le tribunal puisse, en connaissant les diverses opinions qui se sont produites, faire un choix parmi elles.

Les tuteurs, subrogés-tuteurs et curateurs peuvent attaquer la délibération contre ceux des parents qui ont été d'avis de la prendre ; il n'est pas nécessaire de recourir aux préliminaires de conciliation, le juge de paix ayant la présidence du conseil et cessant d'être considéré comme impartial, par suite de l'avis qu'il a donné. La cause est jugée sommairement.

Toutes les fois que la délibération doit être soumise à l'homologation, elle est présentée au président qui, par une ordonnance au bas de la délibération, commet un juge pour faire le rapport et ordonne communication au procureur impérial, qui donne ses conclusions à la suite de l'ordonnance. Le jugement est rendu soit à l'audience, soit en la chambre du conseil, suivant que l'homologation donne ou ne donne pas lieu à contestation.

Si le tuteur chargé de poursuivre l'homologation ne le fait pas dans le délai fixé par la délibération, un des membres du conseil pourra la poursuivre contre et aux frais du tuteur et sans répétition exercée par lui contre le mineur. Celui des parents qui s'oppose à l'homologation, dans l'intérêt du mineur et l'a déclaré par ministère d'huissier, doit être appelé en cause par celui qui la requiert, sans quoi ce parent peut former opposition au jugement rendu sans lui.

Le jugement d'homologation est sujet à l'appel devant la cour impériale du ressort ; le législateur a dû s'expliquer sur ce point, de peur qu'on ne considérât la délibération qui a été prise par le conseil de famille, sous la présidence du juge de paix comme un jugement en premier ressort soumis au recours devant le tribunal d'arrondissement, juge ordinaire des appels des juges de paix.

CHAPITRE III.

Des comptes de la tutelle.

La tutelle finit par la mort du pupille, son émancipation ou sa majorité; dans tous ces cas, l'obligation de rendre compte de son administration prend naissance pour le tuteur.

On en comprend aisément la nécessité; il n'est pas devenu propriétaire des biens du mineur, il n'a pas le droit d'en disposer à son gré; s'il n'avait point été tenu de rendre compte, il eût été difficile, la gestion finie, de s'assurer s'il n'a point dépassé les pouvoirs qui lui sont confiés.

Le compte peut être rendu à l'amiable entre parties, ou devant des arbitres, ou par-devant notaire; il peut aussi être rendu en justice.

Quand la tutelle prend fin par la majorité ou l'émancipation du mineur, le compte définitif est rendu à ses dépens, car la tutelle est établie dans son intérêt unique; il est juste qu'il subisse les conséquences de cette protection; le tuteur doit en avancer les frais, parce que c'est lui qui détient actuellement les fonds.

Le compte sera rendu par le tuteur ou ses héritiers. Il doit l'être aux héritiers du mineur, si la tutelle finit par sa mort; au mineur assisté de son curateur, si elle cesse par son émancipation; à lui seul, s'il devient majeur.

Quand il y a changement de tuteur, la tutelle subsistant toujours, la reddition de compte est faite au nouveau tuteur, en présence du subrogé-tuteur.

Dans le cas où le tuteur est exclu ou destitué, il supporte les frais

˷du compte ; c'est son dol ou sa faute qui en rendent la reddition nécessaire, le mineur n'en doit point souffrir.

Pami les dépenses, on n'alloue que celles qui sont suffisamment justifiées ; d'ailleurs, tous les moyens de preuve sont permis au tuteur ; le juge appréciera ceux qu'il doit admettre ; on ne peut exiger un écrit pour toutes les dépenses, souvent insignifiantes, que le tuteur a faites, cela eût entravé l'administration. Il faut encore que l'objet de ces dépenses ait été utile, la question d'utilité est abandonnée à l'appréciation du magistrat, qui doit se placer au moment où elles ont été faites, et non au jour de la reddition ; on doit indemniser le tuteur de toutes ses impenses, alors même que l'utilité n'existe plus à cette époque.

Tout traité intervenu entre le tuteur et le mineur devenu majeur est nul s'il n'a été précédé de la reddition de compte et de la remise des pièces à l'appui, le tout constaté par un récépissé de l'oyant-compte. La convention n'a pu être faite moins de dix jours avant l'accomplissement de ces formalités. On redoute pour le pupille l'influence encore trop puissante de son tuteur, et on ne veut pas que, pressé d'entrer en possession de sa fortune, il ne consente à l'abandon d'une partie de ses droits pour y parvenir plus vite.

Nous pensons que la prohibition de notre article ne s'applique qu'aux traités portant sur la gestion, par exemple , si le mineur dispense le tuteur de l'obligation de rendre compte, et qu'elle n'a point trait aux autres conventions. Car l'article 2045, au titre de la transaction, dit que le mineur et son tuteur ne peuvent transiger sur le compte de tutelle, ils le pourraient donc sur tout autre objet.

Reddition faite en justice.

S'il s'élève des difficultés sur lesquelles les parties ne peuvent s'entendre, si le tuteur refuse de rendre son compte à l'amiable, ou si le mineur ou ses représentants ne veulent pas le recevoir, la reddition se fera en justice, dans les formes prescrites aux articles 527 et suivants du Code de procédure.

Les tuteurs seront poursuivis devant le tribunal du lieu où la tutelle a été déférée.

Pour l'appel, il faut distinguer les jugements qui ordonnent un compte à rendre, de ceux qui statuent sur les difficultés qui s'élèvent au sujet de sa reddition. En effet, si un tribunal en reconnaît la nécessité, cette décision ne préjuge en rien le résultat du compte ; elle ne fait pas savoir qui sera reconnu débiteur ou créancier ; dans cette hypothèse, la Cour, sur l'appel qui lui est porté, confirmant le jugement, en renvoie, d'après l'art. 472, l'exécution aux premiers juges. Si elle infirme le jugement qui rejette la demande d'un compte , l'art. 528 modifie l'art. 472 ; le tribunal connaît de l'exécution de l'arrêt, le refus des juges d'ordonner le compte ne fait point connaître leur opinion sur le jugement de ce compte.

Au contraire, s'ils ont statué sur les difficultés relatives à un compte, reconnaissant les prétentions des parties, le législateur craint leur partialité, et l'art. 472, par lequel la Cour renvoie devant un autre tribunal l'exécution de son arrêt qui infirme le jugement, s'applique dans ce cas.

Pour éviter les frais aux oyant-compte, l'art. 529 décide que s'ils ont tous le même intérêt, c'est-à-dire si tous les articles de dépenses et de recettes leur sont communs, ils ne seront représentés que par un seul avoué ; s'ils ne s'accordent pas, c'est le plus ancien qui occupera.

Le jugement qui ordonne de rendre compte fixe le délai dans lequel il doit être rendu, et nomme un juge-commissaire pour le recevoir ; ce jugement, quoique portant condamnation, n'entraîne pas hypothèque judiciaire, parce que rien ne prouve que le rendant-compte soit débiteur d'un reliquat, à moins qu'il ne le reconnaisse lui-même.

Le compte doit contenir un préambule, récit des événements donnant lieu à la tutelle, des faits relatifs à l'administration, du jugement qui ordonne le compte ; mais la loi, craignant que les avoués n'en abusent pour augmenter les frais, ne veut pas qu'il contienne plus de six rôles ; c'est ce que l'ordonnance de 1667 décidait déjà. Ce préambule est suivi d'un état de recettes et dé_penses effectives (réellement faites), et d'une récapitulation de la balance des dépenses et recettes, conclusion du compte.

Les dépenses communes, dont s'occupe l'article 531, sont celles faites dans l'intérêt des deux parties, pour arriver à l'apurement du compte, tels que frais de voyage du comptable pour venir le rendre, les vacations de l'avoué qui en a mis les pièces en ordre, et les frais de rédaction ; ce qui ne veut pas dire que ces dépenses soient supportées en commun, c'est l'oyant qui en est seul tenu; c'est sa fortune qui a été gérée, c'est enfin dans son intérêt que le compte est exigé.

La présentation et l'affirmation du compte a lieu dans le délai fixé par le tribunal, en présence des oyants ou eux dûment appelés ; si ce délai est expiré, les biens du comptable sont saisis et vendus jusqu'à concurrence d'une somme arbitrée par le tribunal, somme qui est considérée comme une provision, entrant en déduction du reliquat dont le rendant s'est déclaré débiteur ; le payement en peut même être garanti par la contrainte par corps, si on le juge convenable.

Si la recette excède la dépense, l'oyant peut obtenir du juge-commissaire exécutoire de ce reliquat, en vertu duquel il pourra poursuivre, sur tous ses biens, le comptable comme s'il y avait jugement. Le compte présenté et affirmé sera signifié à l'avoué de l'oyant, et les pièces justificatives, cotées et paraphées, seront rétablies dans le délai déterminé par le juge-commissaire. On dispense les quittances des fournisseurs et ouvriers, fournies à l'appui des formalités de l'enregistrement pour diminuer les frais.

Au jour désigné par le juge, les parties se présentent devant lui, pour fourinr débats et soutènements. Ces débats sont les réclamations formées par l'oyant; les soutènements, les moyens que fournit le rendant à l'appui du compte qu'il produit, le tout est consigné sur le procès-verbal, pour éviter de longues et dispendieuses écritures.

Si les parties ne s'accordent pas, le juge-commissaire ordonne qu'on lui en fera rapport à l'audience au jour qu'il indique ; il n'a pas mission de juger, mais seulement de concilier.

Le jugement intervenant fixe le reliquat précis. Le mauvais vouloir de l'oyant ne peut entraver la reddition; s'il fait défaut, le rendant obtient néanmoins un jugement sur le rapport du juge-commissaire. Les articles seront alloués s'ils sont justifiés, car le défaut de l'oyant ne prouve rien contre lui. Le tuteur reliquataire n'est point tenu à fournir caution, il garde, d'àprès notre article 542, les fonds sans intérêts dans le cas de défaut de l'oyant; dans les autres cas, on applique l'article 474 du Code Napoléon.

Il ne sera procédé à la révision d'aucun compte; la révision suppose un nouvel examen de tous les articles et la loi défend de remettre en question une chose déjà jugée ; seulement il a pu se glisser des omissions, ou bien le rendant a pu dresser un article en s'appuyant sur une pièce étrangère ; la partie lésée peut demander le redressement du compte, pour en faire rectifier les erreurs qui n'ont été aperçues que depuis le jugement, et non pour ressusciter le débat ; la demande est portée devant les mêmes juges.

Intérêts et prescriptions.

L'article 474 déclare que la somme formant reliquat produit intérêts de plein droit du jour de la clôture du compte; il y a là une faveur pour le mineur, car, en droit commun, il faut une demande en justice pour faire courir les intérêts; mais ici on a craint que le mineur, en reconnaissance des bons offices de son tuteur, n'hésitât à l'actionner. Si c'est le mineur qui est reliquataire, les intérêts ne courent pas *ipso jure,* mais une simple sommation suffit, sans qu'il soit besoin d'une demande en justice; on pense que le tuteur, par ménagement pour son ancien pupille, y aura recours avant d'agir en justice, on ne peut pas lui imputer à faute cette condescendance.

Suivant le droit commun, la prescription des actions est de trente ans; dans la matière que nous traitons, les actions se prescrivent par dix ans; la tutelle est déjà une charge fort onéreuse pour celui qui la supporte; on ne veut pas laisser si longtemps l'hypothèque légale peser sur les biens du tuteur; en outre, si l'action pouvait être intentée dans un plus long délai, le tuteur, dans l'intervalle, pourrait perdre des pièces justifiant son administration, de là des contestations qu'il fallait éviter.

Mais cette prescription exceptionnelle ne s'applique qu'aux actions relatives aux faits de la tutelle; pour celles qui ont une autre cause, nous rentrons dans la règle; c'est ainsi que l'action en payement du reliquat se prescrit par trente ans; c'est un fait postérieur à la tutelle qui lui a donné naissance, la reddition du compte, qui, fixant les droits respectifs du tuteur et du pupille, a formé entre eux un contrat nouveau. Il faut décider la même chose pour les actions en redressement engendrées également par un fait postérieur à l'administration.

Mais au contraire, s'il s'agit d'omissions dans le compte, comme il faut scruter à nouveau la gestion, laction étant née d'un fait relatif à la tutelle, nous devons appliquer la prescription de l'art. 475.

Les dix ans exigés pour l'accomplissement de la prescription courent de la majorité du pupille.

Les actions que le tuteur peut avoir contre le mineur se prescrivent par trente ans; il n'y a plus, dans cette hypothèse, mêmes motifs de les soustraire à la prescription trentenaire, et ensuite l'article est formel.

PROPOSITIONS.

I. Le conseil nommé par le père à la mère survivante est-il responsable de ses avis ? Oui.

II. La nomination d'un curateur au ventre est-elle nécessaire
dans le cas où la veuve a déjà des enfants vivants ? Oui.

III. Quand la femme s'est remariée sans convoquer le conseil de
famille, son mari est-il tenu des suites de la tutelle, même antérieures au mariage ? Non.

IV. Le conseil de famille peut-il, en conservant la tutelle à la
mère qui se remarie, lui imposer, ainsi qu'à son époux co-tuteur,
certaines conditions d'administration ? Non.

V. Le survivant des époux, excusé de la tutelle, peut-il choisir
le tuteur qui gérera à sa place, soit actuellement, soit après sa
mort ? Il ne le peut pas.

VI. Si le tuteur désigné par le dernier mourant vient à prédé-
céder, la tutelle des ascendants est-elle écartée ? Non.

VII. La nomination d'un protuteur est-elle nécessaire, ou simplement facultative ? Elle est facultative.

VIII. Les ascendantes veuves et les ascendants valablement excusés ne sont-ils admis dans le conseil de famille que par déférence
et comme membres honoraires ? Non.

IX. L'individu pourvu seulement d'un conseil judiciaire est-il
incapable d'être tuteur ? Non.

X. Lorsque la mère tutrice s'est remariée sans convoquer le
conseil de famille, ses immeubles continuent d'être grevés de l'hypothèque légale, à raison de sa gestion ou défaut de gestion après
le mariage.

XI. Le tuteur doit-il renouveler les baux dont l'exécution ne devrait commencer qu'après la majorité ? Oui.

XII. Le tuteur peut cultiver par lui-même les biens du mineur.

XIII. Le tuteur peut-il intenter seul les actions possessoires? Oui.

XIV. Doit-on exiger que l'autorisation du conseil de famille pour la répudiation d'une succession soit homologuée par le tribunal? Non.

XV. Le tuteur ne peut pas, pendant le cours de la minorité, déplacer le domicile de la tutelle.

XVI. La personne dont le mineur devient héritier peut-elle dispenser le tuteur de la nécessité de faire inventaire? Non.

XVII. Dans le cas de l'art. **462**, la prescription a-t-elle pu courir au profit des tiers débiteurs de la succession ou détenteurs des biens héréditaires? Non.

XVIII. Faut-il que, dans le cas de l'art. **467**, les jurisconsultes approuvent le projet de transaction? Oui.

XIX. Le tuteur peut-il compromettre, du moins en matière purement mobilière? Non.

XX. Pour qu'une délibération du conseil de famille puisse être prise, il faut qu'elle obtienne la majorité absolue des suffrages.

XXI. Dans le cas de cession faite au tuteur par un tiers des droits et actions qu'il avait contre le mineur, ce dernier n'est pas libéré.

Vu par le Président de la thèse,

MACHELARD.

Vu par le doyen,

C.-A. PELLAT.

www.ingramcontent.com/pod-product-compliance
Ingram Content Group UK Ltd.
Pitfield, Milton Keynes, MK11 3LW, UK
UKHW021113140726
13695UKWH00004B/1477